中学校数学サポートBOOKS

対話的な学びを促す おもしろ問題 50

中島 秀忠 著

JN254519

明治図書

はじめに

　本書を手に取っていただき，ありがとうございます。『対話的な学びを促すおもしろ問題50』は，中学校３年間の数学の授業を補助するプリント教材集です。

　左のページをコピーして，そのまま授業プリントとして使えるようになっています。１時間で１ページの内容が終わるようにしてあります。「使えるぞ」と感じたページを，かいつまんで使ってください。すべて使わないといけない仕様にはなっていません。

　教室には，数学の興味・能力の面でいろいろな段階の生徒がいます。その背後には，数学が他教科に比べて受け入れられにくい風潮があると感じています。テレビをつければ，白衣を着た人が空気砲を飛ばしていたり，様々な魚について説明していたり…理科への関心が高まる機会が与えられます。ペットボトルのお茶のラベルを見れば中学生が詠んだ俳句があり，国語を意識します。2020年に東京オリンピックがやってきますし，英語力の伸長も話題です。クイズ番組でも，数学の出題は他教科に比べて少ないですよね。残念ながら今の世の中で，数学を楽しく受け入れる人は少ない状況にあります。そんな逆風の中，**教員として教壇に立っている以上，「どの子も数学好き」である状況を目指すのは，一つの使命**かと思います。

　2007年にiPhoneの初代が発売され，Kindleもリリースしました。さらにこの年，Youtubeも日本語対応し急速に広まっていきます。教室に座っている12〜15才はタッチパネル世代です。物心がついたときから，その画面にふれるだけで反応が返ってきた世代です。別にiPadを教室に入れることを推奨しているのではありません。**以前よりも授業内容にインパクトや共感ができる部分，インタラクティブなやり取りが必要になってくる**と言いたいのです。

　筆者が学生時代に受けた授業の中には，教科書を読み上げて問題を解く…その繰り返しだけで，淡々と進んでいくものもありました。その方法ではどの子も数学好きにするのは無理です。皆さんも，先生が教科書から飛び出して雑談をしてくれたことや，異なる趣向の問題にチャレンジさせてくれたことが，今も印象に残っていませんか。**本書にあるプリント教材を使って教科書を飛び出し，教員と生徒に活発なやり取りが生まれることを期待しています。**そのやり取りが，生徒の記憶に，そして自信につながると思うのです。

　2017年３月に学習指導要領が改訂され，実際に「主体的・対話的で深い学び」の実現（アクティブ・ラーニングの視点からの授業改善）が求められています。**生徒が発言しやすい問題でないと，よい対話は生まれません。**2021年の完全実施に向かって，この問題から読者である皆さんの持ちネタが生まれていくことに期待します。その一助になれたらとても嬉しく思います。

本書には，以下のような「おもしろ問題」を掲載しています。

①インパクトのあるおもしろ問題。数学の入り口として定義や公式の定着を目指します。

　　例：p.12（累乗），p.26（座標），p.58（証明），p.82（根号）

②誤答で盛り上がるおもしろ問題。正しい計算方法やその工夫を楽しく学べます。

　　例：p.18（文字式），p.46（等式の変形），p.72（確率），p.98（三平方）

③歯ごたえのあるおもしろ問題。発展事項を無理なく教えられるように工夫しました。

　　例：p.68（垂直条件），p.90（解の公式［２］），p.104（三平方と円）

　本編の右のページには，左のページの解答や解説だけでなく，どのような場面で使用したらよいかを伝える「使用場面」，生徒と先生でどんなやり取りが起こるか想定した「授業展開」を添えておきました。左のページを授業で使う前に「授業展開」に目を通しておいてください。実際の授業は，「授業展開」の通りに進まないことがほとんどですが，その中の発言が生徒から出てくることもあるからです。以下，アイコンについて説明します。

「難易度」　★☆☆☆ ……　教科書に入る前に知るとよい内容

　　　　　　★★☆☆ ……　教科書のたしかめ問題と同じレベルの内容

　　　　　　★★★☆ ……　教科書の練習問題と同じレベルの内容

　　　　　　★★★★☆ ……　教科書の章末問題と同じレベルの内容

　　　　　　★★★★★ ……　教科書を超えたレベルの内容

「使用場面」　**導　入** ……　単元のはじめの授業で使えます

　　　　　　内　容 ……　単元の途中の授業で使えます

　　　　　　章　末 ……　単元の内容を終えるころに，まとめ学習で使えます

　本書の内容は，１～３年すべての学年，すべての単元にまたがっています。新しい単元に入るごとにこの本を開き，「使えるネタがないか」探してもらえたら幸いです。

　また，学年横断的に貫いているテーマもあります。１～３年通してシリーズ化し，継続的に使うと効果的です。

①レーザービームで関数の決定を学ぶ　……　p.28, p.56, p.94

②生徒の誕生日を活用して授業をする　……　p.12, p.90, p.98

③生徒に自分で問題をつくらせる　……　p.20, p.48, p.80

④和算の問題を題材として授業をする　……　p.34, p.36, p.50, p.104

⑤統計分野を題材として授業をする　……　p.40, p.74, p.106

　最後に，一緒に授業をつくってくれた生徒たちと，私を支えてくれた家族に感謝します。

2017年12月　　　　　　　　　　　　　　　　　　　　　　　中島　秀忠

Contents

4

2年

3年

分数でビンゴゲームをしよう

難易度 ★ ★ ☆ ☆ ☆　　　　　　組　　　番　（名前）

　整数の約数や倍数の性質を活用して，分数の計算に強くなろう。これから数学でいろいろな計算をしますが，答えに分数が含まれることもあります。約分を忘れていたり，通分で間違えたりすると正解に結びつきません。楽しく練習しましょう。

(1) 次の分数を約分しなさい。もう約分できない分数なら，分数を〇で囲みなさい。
　　〇が，たて，横，ななめのどれかに一列に並ぶでしょうか。

① $\frac{64}{23}$	② $\frac{28}{64}$	③ $\frac{41}{82}$
④ $\frac{21}{15}$	⑤ $\frac{79}{54}$	⑥ $\frac{72}{18}$
⑦ $\frac{42}{51}$	⑧ $\frac{39}{52}$	⑨ $\frac{6}{91}$

(2) 各位の数の和が3の倍数であれば，その数は3でわりきれることが知られています。例えば，147は $1 + 4 + 7 = 12$ が3の倍数なので，147は3でわりきれます。
　　このことを利用して，次の分数を約分しなさい。もう約分できない分数なら，分数を〇で囲みなさい。〇が，たて，横，ななめのどれかに一列に並ぶでしょうか。

① $\frac{9}{87}$	② $\frac{14}{36}$	③ $\frac{31}{24}$
④ $\frac{64}{100}$	⑤ $\frac{83}{1221}$	⑥ $\frac{18}{117}$
⑦ $\frac{3}{124}$	⑧ $\frac{111}{132}$	⑨ $\frac{13}{78}$

(3) 次の分数の計算をしなさい。

① $\frac{5}{8} - \frac{1}{12}$ 　　② $\frac{17}{48} + \frac{15}{16}$ 　　③ $\frac{52}{15} - \frac{27}{10}$

　小学校の復習として，倍数や約数，公倍数や公約数，素数などについて学習しておきたいですね。それは整数の問題だけでなく，分数の計算でも活躍します。数学を好きになってもらうためにも分数の計算で自信をもってもらうことが大切に思います。エラトステネスのふるいのお話も一緒にできるとよいかもしれません。

授業展開

T　約分を忘れてバツになったり，減点されたりした経験はありませんか？

S　あります。分数ってだからイヤなんです。

T　数学になっても分数は出てくるので，今日はビンゴで練習です。○はそろうかな？

S　(1)は○がななめに一列にそろうのはわかったけど，⑦も○をしてしまいました。

T　そうです。そこで(2)です。3でわりきれるかの判定法です。知っておくと便利ですよ。

S　(3)の計算，小学校でやった。①は分母を8×12＝96でそろえればいいんですよね？

T　8と12の最小公倍数でそろえると，簡単に計算できます。ミスを防げます。

S　そっか，24で済むのか。通分は最小公倍数で！　覚えておこう。

解答解説

(1)

① $\boxed{\dfrac{64}{23}}$	② $\dfrac{28}{64}=\dfrac{7}{16}$	③ $\dfrac{41}{82}=\dfrac{1}{2}$
④ $\dfrac{21}{15}=\dfrac{7}{5}$	⑤ $\boxed{\dfrac{79}{54}}$	⑥ $\dfrac{72}{18}=4$
⑦ $\dfrac{42}{51}=\dfrac{14}{17}$	⑧ $\dfrac{39}{52}=\dfrac{3}{4}$	⑨ $\boxed{\dfrac{6}{91}}$

(2)

① $\dfrac{9}{87}=\dfrac{3}{29}$	② $\dfrac{14}{36}=\dfrac{7}{18}$	③ $\boxed{\dfrac{31}{24}}$
④ $\dfrac{64}{100}=\dfrac{16}{25}$	⑤ $\boxed{\dfrac{83}{1221}}$	⑥ $\dfrac{18}{117}=\dfrac{2}{13}$
⑦ $\boxed{\dfrac{3}{124}}$	⑧ $\dfrac{111}{132}=\dfrac{37}{44}$	⑨ $\dfrac{13}{78}=\dfrac{1}{6}$

(3)　① $\dfrac{5}{8}-\dfrac{1}{12}=\dfrac{15-2}{24}=\dfrac{13}{24}$　　② $\dfrac{17}{48}+\dfrac{15}{16}=\dfrac{17+45}{48}=\dfrac{31}{24}$　　③ $\dfrac{52}{15}-\dfrac{27}{10}=\dfrac{104-81}{30}=\dfrac{23}{30}$

４つの４だけで数をつくろう

難易度　★　★　☆　☆　☆　　　　　　　　組　　　　番　（名前）

　「４つの数２，５，７，９と＋，－，×，÷を使って，10をつくりましょう」というような問題を聞いたことがありますか。友だちとどちらが早く思いつくか競争するのもおもしろいですね。ここでは，４つの数と加減乗除を使っていろいろな数をつくりましょう。

(1)　４つの数２，５，７，９と＋，－，×，÷を使って，10をつくりましょう。
　　（数字の順番を入れかえたり，カッコを使ったりするのはよいことにします。２と５をつなげて25と考えるのはいけません）

(2)　４つの４と＋，－，×，÷を使って，５をつくりましょう。

(3)　４つの４と＋，－，×，÷を使って，負の数もつくれます。
　　－６から－１までを順につくりましょう。

1年「正負の数」の計算を一通り学習した後，ちょっとしたあそびとして紹介するとよいでしょう。友だちとどちらが早くできたか競ったりしてもよいですし，黒板で3人の代表を選んで，誰が一番早く解けるかやらせたりすると盛り上がります。授業時間だけでなく，休み時間などでも積極的に取り組むことが期待できる問題です。

授業展開

S　4つの数字で10をつくるやつ，友だちとやったことある。

T　電車に乗るとき切符を買うと，4つの数字があるよね。小さいころ，先生もそれを使って友だちと競ったなあ。

S　先生できました。$(7-5) \div 2 + 9 = 10$ですね。

T　正解。他にできた人はいるかな？

S　$9 \div (5-2) + 7 = 10$　これでもいいですか？

T　おお，これもいいね。正解。答えは1通りとは限らないね。では，(2)の問題です。

S　$(44-4) \div 4 = 10$です，先生！

T　4が2つで44というのは，今日は「なし」とします。あと，(2)は10ではなく5です。

S　しまった。じゃあ，四乗もだめ？

T　今日のところは，四乗も「なし」にしましょう。四乗したらだいぶ大きくなるね。

S　$(4 \times 4 + 4) \div 4 = 5$でどうでしょう？

T　正解です！　いいね。そろそろ(3)も考えていきましょう。負の数もつくってみよう。

S　自分でマイナスをくっつけるのは「あり」ですよね？

T　そうですね。そうしないと厳しいでしょう。マイナスをたくさん使っていいです。

S　難しいなあ。$-4-4 \div 4-4 = -6$じゃないですか？

T　ん？　これは計算すると-9じゃないかな？　わり算を先に計算するから…

S　あー カッコつけるの忘れていた！　$(-4-4) \div 4-4 = -6$ですね。

T　計算の順序がありますから，カッコ忘れには気をつけましょう。

S　他の数もドンドンつくれそう。ねえ，-10つくるのを競争しない？

解答解説

(1)　例：$(7-5) \div 2 + 9 = 10$

(2)　例：$(4 \times 4 + 4) \div 4 = 5$

(3)　例：$(-4-4) \div 4 - 4 = -6$,　$(-4 \times 4 - 4) \div 4 = -5$,
　　　　$(4-4) \times 4 - 4 = -4$,　$(-4-4-4) \div 4 = -3$,
　　　　$(4+4) \div 4 - 4 = -2$,　$(-4-4) \div (4+4) = -1$

　　　　　　　　　　　　　　　　　　　　年　　月　　日

数を累乗してあそぼう

| 難易度 ★ ★ ★ ☆ ☆ | 組　　　番　（名前） |

　3の累乗とは何でしょう？　3だけをかけ合わせた数のことです。3，3^2，3^3，3^4，…ですね。3^4は「3の四乗」と読み，3×3×3×3＝81を表します。また，このとき，4を指数，3を底と言います。

(1)　あなたの誕生日を書きましょう。

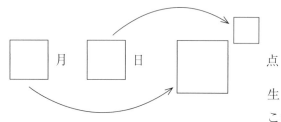

月　　　日　　　　　　点

生まれた月を底，生まれた日を指数とします。
これをあなたの持ち点とします。

(2)　次の2つの数では，どちらが大きいですか。

　①　3^7と7^3　　　　　　②　1^{23}と1^{25}　　　　　　③　2^{10}と4^5

(3)　2月24日生まれの人は(1)で累乗をつくると，2^{24}になります。同じ持ち点になる誕生日の人はいるでしょうか。教室の中で同じ持ち点になる人はいないか探しましょう。

(4)　1年の中で，最強の（最も大きい）持ち点になるのは何月何日生まれの人ですか。

　1年「正負の数」の計算の中で，累乗の計算が出てきます。その中で例えば，4の二乗で，4^2を$4 \times 2 = 8$としてしまうミスがよくあります。正しくは$4^2 = 4 \times 4 = 16$ですが，計算問題を解くだけでは，なかなか積極的に累乗を計算する場面がありません。誕生日で自分の持ち点をつくり，教室の中で比べることで，指数法則なども自然と見つけたらいいと思います。

授業展開

S　誕生日は5月2日なので，私の持ち点は，$2^5 = 32$点だね。

T　(1)をよく見て。5月2日ならば，$5^2 = 25$点だよ。

S　誕生日が1月30日なんだけど！　持ち点1点だよ（笑）

T　(2)の①〜③，大小関係を不等号で表してみよう。

S　あれ？　全部一緒（大きさが同じ）じゃない？

T　惜しいですね。①は同じでしょうか？　3^7は$3 \times 7 = 21$ではありませんよ？

S　本当だ。3^7と7^3は違うのか。指数って「何回かけ合わせているか」を表すんだね。

T　よく気がつきましたね。(3)の2月24日と持ち点が同じ人についてはどうかな？

S　2^{24}ですよね。$2 \times 2 = 4$だから，4^{12}は同じかあ。4月12日の人の持ち点と一緒です。

T　それだけですか？　もう1人いますね。

S　$2 \times 2 \times 2 = 8$だから，8^8も同じです。8月8日の人もそうです。

T　その通り！　クラスメイトの中で，同じ持ち点の人は見つけられるかな？

S　私は持ち点が4^{26}なんだけど，誰か2月52日生まれの人はいますかー（笑）

T　4^{26}てことは，今日が誕生日じゃない？　おめでとう！　持ち点が高い方が強いとする。

S　ありがとうございます。持ち点4^{26}って結構強いでしょ？

T　なかなか強いですね。ハロウィン10^{31}点やクリスマス12^{25}点も強いですね。

解答解説

(1)　例：3月6日→持ち点は$3^6 = 729$点（数が大きすぎて計算しきれない者もいる）

(2)　①　$3^7 = 2187$，$7^3 = 343$であるから，$3^7 > 7^3$

　　　②　$1^{23} = 1$，$1^{25} = 1$であるから，$1^{23} = 1^{25}$

　　　③　$2^{10} = 1024$，$4^5 = 1024$であるから，$2^{10} = 4^5$

(3)　2^{24}は2を24個かけ合わせてあるから，4を12個かけ合わせるのと同じである。

　　さらに，8を8個かけ合わせても同じなので，$2^{24} = 4^{12} = 8^8$である。

　　よって，2月24日と4月12日と8月8日生まれの人が，持ち点が同じである。

　　持ち点が同じ例：3月10日と9月5日，1月の人みんな，2月26日と4月13日

(4)　12月31日生まれの人は，持ち点が12^{31}で最強である（最も大きい）。

英語の単語を累乗で表してみよう

難易度　★ ☆ ☆ ☆ ☆　　　　　　　　組　　　番（名前）

　同じ文字をかけ合わせるときには，累乗で表します。英語で勉強した単語も，一文字一文字がかけ合わされていると考えて，累乗で表してみたらどうなるでしょう。文字の式のルールで「アルファベット順」とあります。これを守って進めてみよう。

(1)　アルファベット26文字を小文字で，左から順番に書きましょう。

　※数学では，b（ビー）と6を区別するのに，bを筆記体「ℓ」と書くこともあります。
　他にもl（エル）を「ℓ」（1と区別するのに），q（キュー）を「q」（9と区別するのに），t（ティー）を「t」（＋と区別するのに），x（エクス）を「∞」（×と区別するのに），z（ゼット）を「z」（2と区別するのに）などと書きます。

(2)　次の単語を（例）のように，文字の式を表すルールで表してみよう。
　（例）$hello = ehl^2o$　　　① $apple$　　　② $banana$　　　③ $eleven$

(3)　ein^2で表される文字の式のもとは，何の単語でしょう。他にも自分の知っている英語の単語を累乗で表したり，累乗で表した単語を当てたりしてみましょう。

　　　　　　　　　　　　　　おまけ　読めるかな？「明日，遠足でウキ^{2}するね」

　1年「文字の式」の中で，同じ文字をかけ合わせるときには，累乗を用いるルールがあります。それを楽しく身につけるために，このようなあそびを考えました。数学で文字を書くときには，英語のブロック体では，数字や演算記号と見間違えてしまうことがあるので，区別するために，ブロック体でない書き方で書く方がよいと指摘することも大切かと思います。

授業展開 ···

S　げー，英語のアルファベットで大文字なら書けるけど，小文字は無理ですよ。

T　もう小文字も順番に書けないと，英語の学習で支障が出るでしょう。ファイト！

S　書けましたよ。ここから何をするんですか？

T　英単語の *banana* を累乗で表したらどうなるでしょう？

S　バナナですよね？　a が3つあって，b が次にくるでしょ，残りは n と…$a^3 bn^2$

T　よくできました。ところで，b の書き方ですが，筆記体で書いてください。

S　え？　筆記体は習っていませんよ。

T　そうですか。でも，b，l，q だけは，筆記体で書かないと6，1，9と間違えやすいんです。

S　へー，b の筆記体は「ℓ」ですね。ブロック体だと確かに6と間違えそうです。

T　では，逆に ein^2 のもとの単語は何でしょうか？

S　は？　意味わかんないし。エインエイン？　*einein* ですか。

T　いやいや。よくある誤解をしていますね。エインンです。2個なのは n だけです。

S　え？　だって最後に二乗がついていますよ。

T　$ein^2 = einn$ であって，$einein = (ein)^2$ のようにカッコをつけないと，全体の二乗にはならないんです。

S　二乗は，カッコがないとすぐ左の文字しか二乗しないんですね。覚えとこうっと。

T　文字の式の計算でも，そういった誤解でミスをすることがあるので要注意です。

S　じゃあ先生，問題。文字式 *eilov* のもとの単語は何でしょう？

T　え？　んー，バイオリンじゃないし。わかった。オリーブ *olive* だ。

S　それでもいいんだけど，答えは…*I love.*（大好き）です。

解答解説 ···

(1)　a, ℓ, c, d, e, f, g, h, i, j, k, ℓ, m, n, o, p, q, r, s, t, u, v, w, x, y, z

(2)　①　$apple = aelp^2$ 　　　②　$banana = a^3 bn^2$ 　　　③　$eleven = e^3 lnv$

(3)　ein^2 は e, i, n, n を並べかえてできる単語なので，*nine* で意味は「9」である。

　　　　　おまけ　ウキ^2＝ウキキなので，「明日，遠足でウキキするね」……おサルさん？

15

1 年 文字の式

買い物しながら文字で表そう

難易度 ★ ★ ★ ☆ ☆　　　　　　組　　　番（名前）

　　買い物しているときに見る広告や，貼り紙にある内容を，文字で表してみましょう。文字で表すとよいと感じられることがあるでしょうか。

(1)　次の内容について，文字 x を使って表しましょう。

「9日，19日，29日は，ハッピーデー」　……　[　　　] 日は，ハッピーデー

「全品値札からさらに200円引き」　……　全品 [　　　] 円

「全品値札からさらに3割引き」　……　全品 [　　　] 円

(2)　次の内容について，文字 x を使って表しましょう。

「4日，11日，18日，25日は，日曜感謝祭」　……　[　　　] 日は，日曜感謝祭

「全品値札からさらに2割引き」　……　全品 [　　　] 円

「全品値札に加えて消費税8％がかかります」　……　全品 [　　　] 円

「全品値札の13％をポイント還元」　……　全品 [　　　] のポイントをつけます

(3)　文字を使って表すときのよい点と悪い点について話し合いましょう。また，他にも広告や貼り紙で，文字で表せるものがあれば表してみましょう。

　　1年「文字の式」の計算や利用の仕方を一通り学び終えて，まとめとして使用してもらえるとよいかと思います。2桁の数や割合についての演習になります。教科書の世界と現実の世界の架け橋となって，日常生活でも「文字で表せないかな？」と自ら考えるようになったらいいですね。「方程式」文章題の導入課題で使ってもよいかもしれません。

授業展開

S　お買得の日とか，サービスのある日って，一の位がそろっていたりするよね。

T　「文字と式」の考え方を使って，それをまとめて表すことができないかな？

S　9日19日29日をまとめて（$10x+9$）日ですか。この表し方に3日分が含まれるんですね。

T　すっきりとした表現になるでしょう？

S　はい。でも読み手が頭を使わないといけないのはイヤ。（$9+10x$）日でもいいですか？

T　いいですよ。たし算は前後を交換しても変わりませんでした。文字式でも同じです。

S　（$10x-1$）日でもいいですか？

T　おお，よく気がつきました。x に値を代入してみて，もとの値が出てくれば大丈夫です。

S　割・分・厘って歩合だっけ。百分率％も好きじゃないな。

T　この後の章「方程式」でも出てくるし，日常でも意外と使うから覚えよう。

S　「200円引き」と同じように，「3割引き」は値段の3割をひけばいいのですね。

解答解説

(1)　「9日，19日，29日は，ハッピーデー」　……　（$10x+9$）日は，ハッピーデー

　　　「全品値札からさらに200円引き」　……　全品（$x-200$）円

　　　「全品値札からさらに3割引き」　……　全品 $\dfrac{7}{10}x$ 円 $\left[x-\dfrac{3}{10}x=\dfrac{7}{10}x\right]$

(2)　「4日，11日，18日，25日は，日曜感謝祭」　……　（$4+7x$）日は，日曜感謝祭

　　　「全品値札からさらに2割引き」　……　全品 $\dfrac{4}{5}x$ 円 $\left[x-\dfrac{2}{10}x=\dfrac{8}{10}x\right]$

　　　「全品値札に加えて消費税8％がかかります」　……　全品 $\dfrac{27}{25}x$ 円 $\left[x+\dfrac{8}{100}x=\dfrac{108}{100}x\right]$

　　　「全品値札の13％をポイント還元」　……　全品 $\dfrac{13}{100}x$ のポイントをつけます

(3)　例：よい点→簡潔に表せる　悪い点→読み手は一度考えないと伝わらない

　　　例：「全品90％OFF」……　全品 $\dfrac{x}{10}$ 円 $\left[x-\dfrac{90}{100}x=\dfrac{10}{100}x\right]$

$100-(60-40)$ のカッコを外そう

難易度 ★ ★ ★ ☆ ☆   組　　　　番 （名前）

　数学で出てくる文字 a, b, x, …は，a 個，$b$kg，x 円…のように，数を表しています。文字は「数の代表選手」と呼ばれることがあります。ですから，文字式の計算は，小学校までで学習した数の計算とつながっています。

(1)　次の計算をしなさい。

① $12a-(5a-3)$

② $\dfrac{15x-6}{3}$

③ $\dfrac{2a}{3}-\dfrac{a-1}{2}$

(2)　次の計算の答えと同じになるものは，(ア)，(イ)のどちらか答えなさい。

① $100-(60-40)$

② $\dfrac{150-30}{3}$

③ $\dfrac{5}{3}-\dfrac{4-3}{2}$

(ア) $100-60-40$

(ア) $50-10$

(ア) $\dfrac{10-12-9}{6}$

(イ) $100-60+40$

(イ) $50-30$

(イ) $\dfrac{10-12+9}{6}$

(3)　次の計算をしなさい。

① $4x-(2-6x)$

② $\dfrac{10y-3}{2}\times 4$

③ $\dfrac{3a}{4}-\dfrac{5a+1}{2}$

使用場面

　1年「文字の式」の計算を指導する際に使います。カッコを外す方法では技能の伝達が中心になってしまいがちです。「カッコの直前にマイナスがある場合，中の符号を変えて外します」という説明に生徒が「なぜ？」と思う。その解決の一つになったらいいと思います。文字式の計算のたしかめに，「数の計算で実験する」のが有用と伝える機会になります。

授業展開

T　それでは，はじめに(1)の計算をやってみてください。

S　できました。合っているかどうか不安だな。分数の計算は好きじゃないや。

T　みんなが全問正解とはいかないようですね。それでは，(2)ではどうでしょう？

S　小学校のときのように，カッコの中を先に計算していいんですか？

T　いいですよ。㋐と㋑では，どちらの答えと同じになるでしょうか？

S　①では㋐と予想していたけど，㋑が正しいのか。だから，(1)でも答えが合わないんだね。

T　そうです。カッコの直前がマイナスのとき，符号を変えて外すのは，数の計算も同じ。

S　中学で文字式になって，特別なことをしているのかと思ったけど，同じなのかあ。

T　②の約分で，分母の数で分子のすべてをわらないといけないのもそうです。

S　③では，分数の分子には「見えないカッコがある」と先生が言っていたのもこのためね。

T　それでは，(3)でリベンジしてみましょう。計算力が上がっているはずです。

解答解説

(1)　①　$12a - (5a - 3)$

$$= 12a - 5a + 3$$

$$= 7a + 3$$

②　$\dfrac{15x - 6}{3}$

$$= 5x - 2$$

③　$\dfrac{2a}{3} - \dfrac{a - 1}{2}$

$$= \dfrac{4a - (3a - 3)}{6}$$

$$= \dfrac{a + 3}{6}$$

(2)　①　(㋑)　　　　②　(㋐)　　　　③　(㋑)

(3)　①　$4x - (2 - 6x)$

$$= 4x - 2 + 6x$$

$$= 10x - 2$$

②　$\dfrac{10y - 3}{2} \times 4$

$$= (10y - 3) \times 2$$

$$= 20y - 6$$

③　$\dfrac{3a}{4} - \dfrac{5a + 1}{2}$

$$= \dfrac{3a - (10a + 2)}{4}$$

$$= \dfrac{-7a - 2}{4} \left[\text{または} -\dfrac{7a + 2}{4} \right]$$

$x=2$ が解の方程式をつくろう

難易度 ★ ★ ★ ☆ ☆ 　　　　　　組　　　番（名前）

　これまで方程式を解く練習をしてきました。これまでの経験を生かして，今度は方程式をつくってみましょう。できた方程式は，ちゃんと $x=2$ を解にもつでしょうか。たしかめてみましょう。

(1)　ことば「方程式」「解」について説明しなさい。

(2)　次の方程式を解きなさい。

①　$5x+2=3x-4$　　　　　　　　②　$\dfrac{2}{3}x-1=\dfrac{3x-5}{6}$

(3)　$x=2$ が解である方程式をつくりましょう。つくれたら，解いてたしかめてみましょう。

　①　両辺とも x の一次式になっているもの　②　係数に分数をふくむもの

　　1年「方程式」の解法を一通り学び，ある程度の演習が終わった後に取り組ませたい問題です。ただ自由に方程式をつくらせてもよいのですが，$x + 1 = 3$ や $5x = 10$ のような算数のときにも解いた方程式では，おもしろくありません。移項や係数を整数にして解く手法の復習にもなるように，流れを工夫しました。

授業展開 ⋯⋯⋯⋯⋯⋯⋯⋯⋯⋯⋯⋯⋯⋯⋯⋯⋯⋯⋯⋯⋯⋯⋯⋯⋯⋯⋯⋯⋯⋯⋯⋯⋯⋯⋯⋯

T　皆さん，方程式がかなり解けるようになってきましたね。今日は方程式をつくろう。

S　つくる？　簡単ですよ。$x + 1 = 3$ とか。

T　それでは算数レベルですから，もう少し難しいものをつくろう。

S　(1)とか…こういう問題，好きじゃないんですよ。

T　人に説明するとき，ことばの意味がちゃんとわかっていないとうまく伝わりません。

S　いやあ，大事だってのはわかるんですけどねえ。教科書見てもいいですか？

T　いいですよ。改めて聞かれると難しいでしょう？

S　そうですね。方程式って，そういう意味なんですか。驚きです。

T　(2)は解けますか？

S　②はツラいかな…分母をはらって $4x - 1 = 3x - 5$ となって $x = -4$ ですか。

T　残念。分母をはらうのに，すべての項を6倍しないといけません。

S　あーやってしまった。-1 を6倍し忘れた。(3)は両辺，係数って何だっけ？

T　意味がわからなくなったら教科書で調べる。(2)に似た問題をつくろうと言っています。

S　$x = 2 \rightarrow 5x = 10 \rightarrow 7x - 2x = 6 + 4 \rightarrow 7x - 6 = 2x + 4$ って逆にたどればよくね？

T　おお，よい方法を思いつきましたね。できあがったら隣の人に解いてもらってください。

解答解説 ⋯⋯⋯⋯⋯⋯⋯⋯⋯⋯⋯⋯⋯⋯⋯⋯⋯⋯⋯⋯⋯⋯⋯⋯⋯⋯⋯⋯⋯⋯⋯⋯⋯⋯⋯⋯

(1)　「方程式」とは，式の中の文字に代入する値によって，成り立ったり，成り立たなかったりする等式のこと。

　　　「解」とは，方程式を成り立たせる文字の値のこと。

(2)　①　$5x + 2 = 3x - 4$　　　　　②　$\dfrac{2}{3}x - 1 = \dfrac{3x - 5}{6}$

　　　　　　$2x = -6$　　　　　　　　　　$4x - 6 = 3x - 5$

　　　　　　　$x = -3$　　　　　　　　　　　　$x = 1$

(3)　例：

　　　①　$x + 3 = 9 - 2x$　　　　　②　$\dfrac{7x + 4}{3} = x + 4$

「適していない」問題を解こう

難易度 ★ ★ ★ ☆ ☆　　　　　　　　組　　　番 （名前）＿＿＿＿＿＿＿＿＿＿＿＿＿＿＿＿

　　文章題を，方程式を利用して解くとき，「これは問題に適している」と書くと教科書にはあります。「これは問題に適していない」場合はあるのでしょうか。それについて考えてみましょう。

⑴　花屋さんで，180円のチューリップと110円のポピーを合わせて花たばをつくります。
　　10本で花たばをつくり，1310円支払うとき，チューリップは何本入るか求めなさい。

⑵　花屋さんで，180円のチューリップと110円のポピーを合わせて花たばをつくります。
　　10本で花たばをつくり，960円支払うとき，チューリップは何本入るか求めなさい。

⑶　現在，お母さんは47才，子どもは14才です。お母さんの年令が子どもの年令の4倍になるのは何年後になるか求めなさい。

　1年「方程式」の利用として文章題に入ったころに利用してください。教科書を見ると，方程式を解いた後に「これは問題に適している」と書くとあります。これは，検算したアピールではなく（検算も大切ですが），未知数 x の範囲に解が含まれるかの確認（解の吟味）です。「適していない」問題を解くことで，その意味が伝えやすくなると考えます。

授業展開

S　先生，何で「これは問題に適している」って書かないといけないの？

T　「いーから，書くものなの。書かないと定期テストで減点するよ」と言うのはイヤなので，今日はこんなプリントを用意しました。⑴は「適している」⑵はどうでしょう？

S　あれ？　$x = -2$ になってしまいました。x は本数なのに，負の数はおかしいな。

T　ここで「これは問題に適していない」の登場です。

S　「適していない」問題もあるのですね。それなら「適している」と書く気になるよ。

T　3年「二次方程式」になると，「適していない」問題がかなり出てきます。2年や1年の間はめったに「適していない」問題はありません。問題を解いていて「適していない」となったら，自分の計算ミスの場合も多いですから，よく見直しをしましょう。

S　わかりました。⑶も「適していない」で，答「解はない」でいいですね。

T　ちょっと待って。「正負の数」でやったように，－3年後を3年前と考えたらどう？

S　おお。44才と11才で4倍になっている。じゃあ「適している」でいいんだ。

解答解説

(1)　チューリップが x 本入るとする。
　　ポピーは $(10-x)$ 本入るから，
$$180x + 110(10-x) = 1310$$
$$70x = 210$$
$$x = 3$$
　　これは問題に適している。
答　チューリップ3本

(2)　チューリップが x 本入るとする。
　　ポピーは $(10-x)$ 本入るから，
$$180x + 110(10-x) = 960$$
$$70x = -140$$
$$x = -2$$
　　これは問題に適していない。
答　解はない

(3)　x 年後にお母さんの年令が子どもの年令の4倍になるとする。
$$47 + x = 4(14 + x)$$
$$3x = -9$$
$$x = -3$$
　　－3年後を3年前と考えれば，お母さん44才，子ども11才で，これは問題に適している。
答　3年前

時計の針が重なる時刻を調べよう

難易度 ★ ★ ★ ★ ☆　　　　　　組　　　　番（名前）＿＿＿＿＿＿＿＿＿＿＿＿＿＿

　　アナログ時計には，いま何時かを表す短針と何分かを表す長針がありますね。この２つの針は，いつでも追いかけっこをしています。時計の針についてよく知られている問題にチャレンジしてみましょう。

(1)　6時30分に長針と短針がつくる角度は何度ですか。

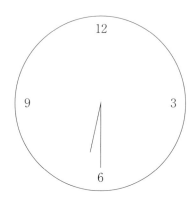

(2)　6時台に長針と短針がぴったりと重なる時刻を求めましょう。

60分間で長針は [　　　] 度だけ進み，短針は [　　　] 度だけ進む。

1分間で長針は [　　　] 度だけ進み，短針は [　　　] 度だけ進む。

（解答）長針と短針がぴったり重なる時刻を6時 x 分とする。

答　6時 [　　　] 分

※分数で答えます。

(3)　午前中で最後に長針と短針がぴったりと重なる時刻を求めましょう。

　　1年「方程式」の利用の項目で文章題を演習した後の，チャレンジ問題として経験させたい
問題です。受験算数では「時計算」としてよく知られる題材です。1年の文章題では，兄弟が
池のまわりを走る問題などの延長上にある「速さ」の問題です。(3)だけでは扱いにくいと思う
ので，(1)(2)のような助走区間を設けました。

授業展開 ⦙⦙⦙

S　6時30分に長針と短針がつくる角度？　0°でしょう。

T　さて，そうかな？　長針が進んでいる間，短針も進むよね。

S　やっかいですね。短針は1分間で0.5°進むのか。じゃあ，6時半には15°の差がつく。

T　そうです。それでは(2)で，6時台で針の重なる時刻を求めてみよう。方程式で。

S　$6x = 0.5x$ かな。あれ？…これを解くと $x = 0$ になっちゃう。

T　そうですね。6時の針の位置を図にかいてみましょう。

S　ああ。短針はすでに180°だけ先にいるのか。x 分間で追いつくまでに進む角度は等しい…

T　いいですね。答えは，ぴったり何分とは求まらないので，プリントの空らんを埋めよう。

S　最後の問題は11時60分になったんですけど？　これは午前中ではないですね？

T　そうですね。午前中最後の重なりは，10時台に起こることになります。

解答解説 ⦙⦙⦙

(1)　15°〔短針は，60分間で $360° \div 12 = 30°$，1分間で $30° \div 60 = 0.5°$ だけ進む。6時30分には，
　　短針は6時ちょうどの位置から，$0.5° \times 30 = 15°$ だけ進んでしまう。〕

(2)　60分間で長針は360°だけ進み，短針は30°だけ進む。1分間で長針は6°だけ進み，短針は
　　0.5°だけ進む。

　　（解答）長針と短針がぴったり重なる時刻を6時 x 分とする。x 分間で長針は $6x°$ だけ進み，
　　　　　　短針は $0.5x°$ だけ進む。6時ちょうどには，短針は長針よりも180°だけ先に進んでい
　　　　　　るから，x 分後には，$6x = 180 + 0.5x$

$$x = \frac{360}{11} \left[= 32 + \frac{8}{11} \right]$$ これは問題に適している。　　　　　答　6時$\frac{360}{11}$分

(3)　長針と短針がぴったり重なる時刻を11時 x 分とする。11時ちょうどには，短針は長針より
　　も330°だけ先に進んでいるから，x 分後には，$6x = 330 + 0.5x$　$x = 60$　これは問題に適し
　　ていない。長針と短針がぴったり重なる時刻を10時 x 分とする。同様に，

　　　$6x = 300 + 0.5x$

$$x = \frac{600}{11} \left[= 54 + \frac{6}{11} \right]$$ これは問題に適している。　　　　　答　10時$\frac{600}{11}$分

座標と棋譜について調べよう

難易度 ★ ★ ☆ ☆ ☆　　　　　　　　組　　　番　（名前）

楽譜（がくふ）は，曲の音の音階や速度，その表現方法を示してくれます。棋譜（きふ）は，将棋や囲碁の対局で手順を記録したものです。それを追うことで過去の対局について知ることができます。駒（こま）や石の位置を表すのに２つの数を組にして表すので，「座標」に似ていますね。

(1) 以下は将棋のある棋譜のはじめの部分です。▲は先手（図面の下側）の駒の動き，△は後手（図面の上側）の駒の動きを表します。この棋譜に沿って，駒を動かしたとき，▲先手の駒の位置はどうなるか，右下にある図面の空らんを埋めてみましょう。

> ▲７六歩　△８四歩　▲６八銀　△３四歩　▲７七銀　△６二銀
> ▲４八銀　△７四歩　▲７八金　△７三桂　▲６九玉　△８五歩　…

（対局前の駒の位置）

9	8	7	6	5	4	3	2	1	
香	桂	銀	金	玉	金	銀	桂	香	一
	飛						角		二
歩	歩	歩	歩	歩	歩	歩	歩	歩	三
									四
									五
									六
歩	歩	歩	歩	歩	歩	歩	歩	歩	七
	角						飛		八
香	桂	銀	金	玉	金	銀	桂	香	九

（▲７六歩　△８四歩　▲６八銀では）

9	8	7	6	5	4	3	2	1	
		歩							六
歩	歩		歩	歩	歩	歩	歩	歩	七
		角		銀			飛		八
香	桂		金	玉	金	銀	桂	香	九

（棋譜に沿って駒を動かすと…）

9	8	7	6	5	4	3	2	1	
		歩							六
歩	歩		歩	歩	歩	歩	歩	歩	七
	角						飛		八
香	桂			金			桂	香	九

※江戸時代には将棋の棋譜はすでにありました（1700年ごろ）。西洋のチェスの棋譜を初めて書いた本（1737年）よりも古いものだそうです。囲碁の棋譜は12世紀はじめの中国の書物にあり，座標のもととなる考えは世界各地で生まれていたと言えます。

(2) 囲碁では，たてと横の線が交差しているところに石をおきます。将棋における原点はマス目の右上にありますが，囲碁における原点はどの位置か調べましょう。

　1年「比例と反比例」で負の数も踏まえた座標について学習します。その際，将棋や囲碁という昔からのあそびでも座標の考えは使われていることを知り，身近に感じてもらいたいと思います。また，座標平面でいうと，将棋は第3象限，囲碁は第4象限であることから，最近の教科書からは省かれている「象限」ということばも合わせて伝えてもよいでしょう。

授業展開

T　さあ，今日は前回やった「座標」の復習です。まず教科書□ページ問〇〇の問題を解こう。

S　できました。A（1，4），B（−2，5），C（−5，−1），D（0，−3）です。

T　はい，正解です。さて，今日はこんなプリントもやります。

S　え？　将棋ですか？　ぼくはルールを全然知らないのですが。

T　大丈夫です。将棋の対局の流れを表す棋譜を知っていますか？

S　新聞とかで見たことある。

T　そうですね。この棋譜も座標のように，2つの数を組み合わせて駒の位置を表しています。

S　(1)をやってみます…▲と△はそういう意味なんですね。へー。できました。

T　囲碁では石の中に数字が書いてあることも多いね。どこを原点にするか知っていますか？

S　左上です。しかも原点は（1，一）です。

T　座標軸で平面は4つの区域に分けられますね。x座標y座標ともに正の区域を第1象限と言います。そこから反時計回りに第2象限，第3象限，第4象限と呼びます。

S　では，さっきのAは第1象限，Bは第2象限，Cは第3象限，Dは第4象限ですね。

T　おしい。点Dはどこの象限でもありません。x軸とy軸上の点は象限には入りません。

S　点A，B，Cは合っていてよかった。ってことは，将棋は第3象限で位置を表している？

T　おー，よく気がつきました。では，囲碁はどうでしょう？

S　囲碁は，第4象限だ。将棋と囲碁で棋譜の表し方が違うのは不思議だな。

解答解説

(1)

	9	8	7	6	5	4	3	2	1	
			歩							六
	歩	歩	銀	歩	歩	歩	歩	歩	歩	七
		角	金			銀		飛		八
	香	桂		玉		金		桂	香	九

(2)　左上　（例）

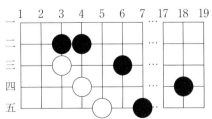

（19路盤はたて19，横19本の直線が交差する）

1年　比例と反比例

レーザービームで的を狙おう！　エピソードⅠ

難易度 ★ ★ ★ ☆ ☆　　　　　　　　組　　　番（名前）

　まっすぐに進むレーザービームを使って的を狙おう。レーザービームを発射するには，進む向きの比例のグラフの式を入力しないといけない。これまでの学習を頼りに正しく入力して，しっかり打ち落としてほしい！

(1)　次の図で，◇Sからレーザービームを発射します。◇Sと的⊙を通る比例のグラフの式を入力し，的を打ち落としましょう。

①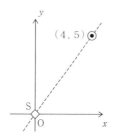

入力 ☐

②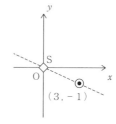

入力 ☐

(2)　次の図で，◇Sからレーザービームを発射します。1辺が2の正方形の的に当てるとき，比例定数aの変域を求めなさい。

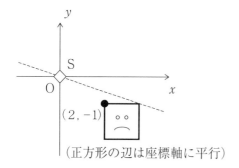

（正方形の辺は座標軸に平行）

入力　　　　$y = ax$

aの変域　　☐　$\leq a \leq$　☐

(3)　次の図で，◇Sからレーザービームを発射します。◇Sと的⊙を通る比例のグラフの式を入力し，的を打ち落とそう。ただし，■の壁は，レーザーを無力化させてしまう。鏡で反射させましょう。

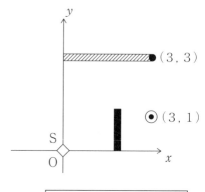

入力 ☐

　1年「比例と反比例」の，比例の節が終わるころに行うとよいでしょう。(2)では，比例定数を変化させたときに，グラフが動く様子を感じられると思います。ゲーム感覚で考えることで，数学の問題を考えるときよりも，それが感じられることに期待します。(3)では，反射の問題を考えるときに，対称点をとることが有効と知る機会になります。

授業展開 ‥‥‥

T　式を装置に入力すると，レーザービームが発射されます。

S　式の入力を間違えると？

T　的に当たらない方向にビームが飛んでいってしまいます。

S　ヤバいじゃん。◇Sって何ですか？　この位置からは動かないでビームを打つんですか？

T　宇宙船，スペースシップのSです。君たちはその乗組員です。その位置から打ちます。

S　原点からビームが発射されるのか…(2)は正方形の右上と左下の点を考えればいいね。できました！　$-\dfrac{1}{4} \leqq a \leqq -\dfrac{3}{2}$ですね。

T　惜しい。$-\dfrac{1}{4}$と$-\dfrac{3}{2}$ではどちらが大きいかな？

S　あー。わかりました。逆でしたね。(3)はどの方向に打てばよいのかわかりません。

T　スペースシップ◇の乗組員になりきって考えてみて。鏡に的が写っていますよ。

S　その鏡に写っている的を目がけて発射すれば，うまく反射してくれるのか！

T　直観的にはそれでいいです。図形の証明を学べば，論理的にもそれでいいとわかります。

解答解説 ‥‥‥

(1)　①の入力は$y = \dfrac{5}{4}x$　②の入力は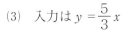〔$y = -\dfrac{x}{3}$でもよい〕

(2)　$y = ax$のグラフのうち，正方形の的に当てるとき，aの変域は$-\dfrac{3}{2} \leqq a \leqq -\dfrac{1}{4}$である。

〔比例定数が最も大きいのは点（4，－1）を通るとき，最も小さいのは点（2，－3）を通るとき〕

(3)　入力は$y = \dfrac{5}{3}x$

〔反射の問題では，入射角と反射角が等しいことから，鏡の面に関して的と対称な点を考える。点（3，5）を通る比例のグラフの式〕

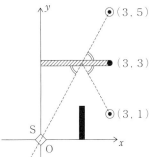

分数を小数に直してグラフにしよう

難易度　★　★　☆　☆　☆　　　　　　組　　　番（名前）

分数を小数にすぐ直せますか？　小数には分数より量を比べやすいというよさがあります。
分数と小数の交換が自由にできれば，計算のときに有利と言えます。また，その小数を縦軸に
とってグラフにすると，どんなグラフになるのでしょうか。

(1)　次の分数を小数で表しなさい。

$\frac{1}{2} =$ 　　　　　　　　$\frac{1}{7} =$ 　　　　　　　　$\frac{1}{12} =$

$\frac{1}{3} =$ 　　　　　　　　$\frac{1}{8} =$ 　　　　　　　　$\frac{1}{15} =$

$\frac{1}{4} =$ 　　　　　　　　$\frac{1}{9} =$ 　　　　　　　　$\frac{1}{16} =$

$\frac{1}{5} =$ 　　　　　　　　$\frac{1}{10} =$ 　　　　　　　$\frac{1}{18} =$

$\frac{1}{6} =$ 　　　　　　　　$\frac{1}{11} =$ 　　　　　　　$\frac{1}{20} =$

(2)　横軸を分母の数（1目盛1），縦軸を(1)で求めた小数（1目盛0.05）として，グラフにし
てみましょう。

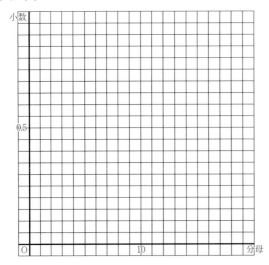

気がついたことを挙げて，
話し合ってみましょう。

　1年「比例と反比例」の反比例のグラフについて一通り学習を終えて，考えさせてみたい教材です。教師にとって，(2)のグラフが $y = \dfrac{1}{x}$ になることは当然のことですが，生徒にとっては，必ずしも結びつきません。反比例のグラフと逆数の分布が結びつくことで，グラフと式の相互関係について，よりいっそう強い結びつきを感じられるようになります。

授業展開

S　分数を小数に直すって，3分の1は0.333…でしょ。6分の1とか覚えてないよ。

T　覚えてないのなら，計算すればいいじゃない。6分の1なら，1÷6を筆算で。

S　電卓，使っていいですか？

T　まあ，手で計算しましょうよ。

S　わかりました。

T　では，(1)の値を発表してもらいます。…さあ，それでは(2)でグラフにしましょう。

S　ずっと続く小数（循環小数）は，グラフにかきようがないと思います。

T　完全に正確にというのは難しいですから，大体の値の点でいいですよ。

S　あれ？…反比例のグラフになっている。そうか，$y = \dfrac{1}{x}$ の x に1，2，3，…を代入したグラフと同じなのか！　逆数の減り具合を表すグラフは，反比例のグラフなんですね。

解答解説

(1)　$\dfrac{1}{2} = 0.5$, $\dfrac{1}{3} = 0.333\cdots$,

　　$\dfrac{1}{4} = 0.25$, $\dfrac{1}{5} = 0.2$, $\dfrac{1}{6} = 0.1666\cdots$,

　　$\dfrac{1}{7} = 0.142857142857\cdots$, $\dfrac{1}{8} = 0.125$,

　　$\dfrac{1}{9} = 0.111\cdots$, $\dfrac{1}{10} = 0.1$, $\dfrac{1}{11} = 0.0909\cdots$,

　　$\dfrac{1}{12} = 0.08333\cdots$, $\dfrac{1}{15} = 0.0666\cdots$,

　　$\dfrac{1}{16} = 0.0625$, $\dfrac{1}{18} = 0.0555\cdots$, $\dfrac{1}{20} = 0.05$

(2)
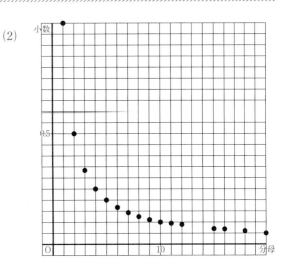

角の三等分線を作図しよう

難易度　★　★　★　★　☆　　　　　　　　組　　　　番　（名前）

　　角の二等分線の作図の仕方は学びました。数学で「作図」するとは，定規とコンパスだけで図をかくことです。ただし，定規は直線を引くため，コンパスは円弧をかくためだけに使い，操作を無限にくり返してはいけないとされます。それでは四等分からスタート。

(1)　①　辺 AC の四等分点 L，M，N を作図によって求めなさい。
　　　　　ただし，AL ＝ LM ＝ MN ＝ NC とします。
　　②　∠ABC の四等分線を作図しなさい。

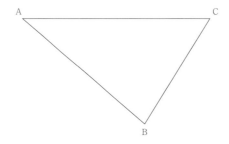

(2)　「角の三等分線を作図せよ」という問題は，ギリシャ時代から人々を悩ませてきました。180°，90°，45°のような特別な角は三等分できますが，その問題は，どんな角でも三等分する作図方法を見つけよということでした。2000年以上の時を超えて，不可能という結論に至りました。それが図形の性質からではなく，数式の世界で証明されたことは興味深いです。
　　それでは，下の図の正方形 ABCD を利用して，∠ABC ＝90°の三等分線を作図しなさい。

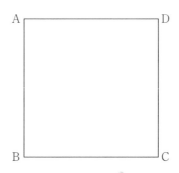

　1年「平面図形」で垂直二等分線と角の二等分線の作図を学習した後にふれたい話題です。角の三等分線は「作図不能問題」の1つで，残り2つは「立方体の体積の2倍の体積をもつ立方体を作図せよ」「円と同じ面積の正方形を作図せよ」です。(1)は，よくある誤解「辺を n 等分することで対角を n 等分できる」を打破するのが目的です。

授業展開 --

S　角の四等分線は，四等分点 L，M，N と頂点 B をそれぞれ結んで LB，MB，NB だ！

T　どうですか？　左の方の∠ABL は右の方の∠NBC よりかなり小さくない？

S　ほんとだ。えー，角の四等分線は，角の二等分線を使って作図するの？

T　はい。角の二等分線が中点を使って引けるなら，角の二等分線の作図いらなくない？

S　そりゃそうだわ。この調子で角の三等分線も作図できそうな気がするけど。

T　それがギリシャ時代のころから人々を虜にしてきたわけだね。解けそうで解けない。

S　(2)で直角の三等分線は作図できるんですよね。三等分線の作図は不可能なのでは？

T　角の二等分線の作図は，どんな角でも二等分できる方法です。どんな角でも通用する三等分の方法を見つけましょうという問題です。有名角60°の三等分線は作図できません。

S　「作図不能問題」って響き，カッコいいなあ。

解答解説 --

(1)　① 　垂直二等分線を3回作図する。
　　② 　角の二等分線を3回作図する。

(2)　辺 AB を1辺とする正三角形，辺 BC を1辺とする正三角形をかく。

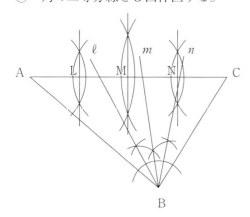

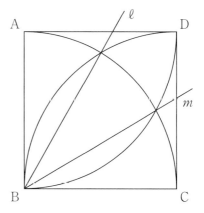

　ℓ，m，n は∠ABC の四等分線。直線 BL，BM，BN は∠ABC の四等分線とは限らない。

　ℓ，m は∠ABC＝90°の三等分線。角の二等分線の作図を利用してもよい。

正しく正方形を作図しよう

難易度　★　★　★　★　☆　　　　　　　　組　　　番　（名前）

　「正方形を作図しなさい」ときたら，「正方形をスケッチしよう」とは違って，正確にかかなければなりません。これまでに学んだ基本の作図を組み合わせて，疑わしいことのない正方形を作図したいですね。

(1)　点 A と直線 ℓ があります。直線 ℓ 上に 2 点 B，C をとり，正方形 ABCD を作図しなさい。

A ●

――――――――――――――――――　ℓ

(2)　下の図は，∠ AOB ＝90° の直角三角形 AOB です。辺 AO，OB，AB 上のそれぞれに点 P，Q，R をとり，正方形 POQR を作図しなさい。

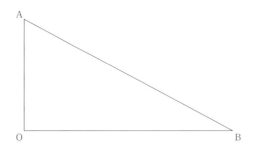

(3)　江戸時代の数学では，(2)のように直角三角形 AOB で，正方形 POQR を容れたとき，その 1 辺 x は，OA = a，OB = b とすると，$\dfrac{1}{x} = \dfrac{1}{a} + \dfrac{1}{b}$ という公式がありました。この公式が成り立つ理由を説明しなさい。

　1年「平面図形」で作図について一通り学んだ後で，それを活かす演習問題として使用できます。正方形は小さいころから馴染みのある形なだけに，うっかり垂線を位置を決めずに下ろしたりしてしまいがちです。完成した図から逆算して作図する術(すべ)を学んでほしいと思います。

授業展開 --

S　(1)は問題集でやったことがあったので，できました。(2)は何となく点をとるしかない…

T　完成した図をかいてみたらどうかな？　等しい関係の長さや角の大きさはないかな？

S　あ！　∠POR ＝∠QOR だ。じゃあ，ただ角の二等分線を作図すればいいのかあ。

T　作図問題では，完成した図を片隅にかいてみて，そこから逆算するのが有効です。

S　他の問題でもその手を使ってみようと思います。

解答解説 --

(1)　点 A から直線 l に垂線を下ろす。それでできた線分が正方形の1辺。

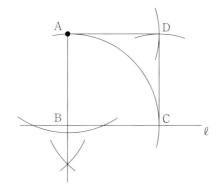

(2)　∠AOB の二等分線を引く。点 R は辺 AO と BO から距離の等しい点。

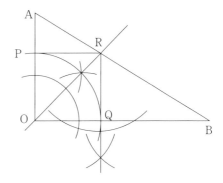

(3)　江戸時代の数学では，次のように考えた。下の図のように△AOR を点Oを中心として反時計回りに90°だけ回転移動する。△AOB $=\dfrac{1}{2}ab$ であり，これは底辺 AB，高さ x の三角形の面積に等しいから，$\dfrac{1}{2}ab = \dfrac{1}{2}ax + \dfrac{1}{2}bx$ で，両辺に 2 をかけて abx でわると，$\dfrac{1}{x} = \dfrac{1}{a} + \dfrac{1}{b}$

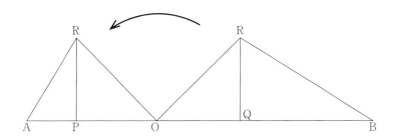

江戸の灯りの問題を解こう

難易度 ★ ★ ★ ★ ☆ 　　　　　　　　組　　　番（名前）

　江戸時代には『塵劫記（じんこうき）』という算術の本がベストセラーとなるくらい，人々に算数・数学は好かれていました。『塵劫記』には，身近なものについての問題がたくさんありました。その一つに，江戸の灯り「切籠灯籠（きりこどうろう）」についての問題があります。

　右の図は，江戸の灯り「切籠灯籠」です。『塵劫記』には，この立体について，表面積や体積を求める問題がのっています。ここでは，この立体についての問題を解いてみましょう。

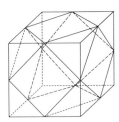

　立方体の各辺の中点をとります。立方体の頂点から一番近い３つの中点を通る平面で立方体のかどを切り落とします。同じようにすべての立方体の頂点で，すべてのかどを切り落としたときにできる立体が右下の図です。この立体について，次の問に答えなさい。

(1)　面，辺，頂点の数をそれぞれ答えなさい。

(2)　下の図は，この立体の展開図である。ここから向かい合う正方形2枚を取り除いて，切籠灯籠をつくる。その切籠灯籠の展開図を右にかきなさい。

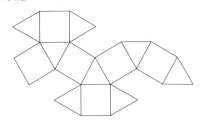

(3)　もとの立方体の1辺を $2a$ cmとするとき，かどを切り落としてできた立体の体積を a の式で表しなさい。また，その体積はもとの立方体の体積の何倍か答えなさい。

　1年「空間図形」で一通り学習が終わった後に，総合的な演習として使用できます。題材は江戸の灯り「切籠灯籠」ですが，扱うのは準正多面体「立方八面体」と呼ばれる正方形6枚，正三角形8枚でできた立体です。展開図を作図するのが難しくないので，生徒に実際につくらせるのもおもしろいかもしれません。

授業展開 ────────────────────────────

S　この立体，辺の本数がすごい多いんですけど，数えきれないよ。

T　たくさんの個数のものを数えるときには，自分なりのルールを決めて数えるといい。

S　私は「もとの立方体の1つの面に何本の辺ができるか」を考え，それを6倍しました。

T　それはいい。ばらばらに数えるのでなく，1つの面に4本×6＝24本と考えた。

S　私は，できた立体の面（正方形と正三角形）をすべて切り離して考えました。

T　すると，切り離された正多角形の辺の本数は，4×6＋3×8＝48本ですね。

S　それを2でわります。

T　いいね。では，⑵の展開図はどうですか？

S　正方形を取り除いたら，ひとつ続きの展開図ではなくなってしまいますよね？

T　切り離された正三角形はもとの展開図にくっつけてください。つながるはずです。

S　⑶の問題は，小学校のころに受験算数で立方体の6分の5倍になるって暗記しました。

T　いまその謎が解き明かされる…。

S　別に謎ではないですが…，文字で説明できれば，理由ははっきりしますね。

解答解説 ────────────────────────────

⑴　正方形6枚，正三角形8枚でできているから，面は14

　　正多角形の辺2本が重なって立体の辺1本になるから，辺は（4×6＋3×8）÷2＝24

　　立体のどの頂点においても，正多角形の頂点4つが重なって立体の頂点1つになるから，

　　頂点は（4×6＋3×8）÷4＝12

⑵　上面と底面を除いた展開図は右の通り。（例）

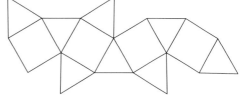

⑶　もとの立方体の体積は，$(2a)^3 = 8a^3\,\mathrm{cm}^3$

　　切り落とした立体は三角錐で1つ分の体積は，

$$\frac{1}{3} \times \frac{1}{2}a^2 \times a = \frac{1}{6}a^3\,\mathrm{cm}^3$$

　　ゆえに，

　　この立体の体積は，$8a^3 - \dfrac{1}{6}a^3 \times 8 = \dfrac{20}{3}a^3\,\mathrm{cm}^3$であり，$\dfrac{20}{3}a^3 \div 8a^3 = \dfrac{5}{6}$倍になる。

頭の中で直角三角形を回転させよう

難易度 ★ ★ ★ ★ ☆　　　　　　　　組　　　番　（名前）

　回転体というと，平面図形を一回転させたものが多いですが，中には「180°だけ回転させる」というものもあります。さらに，いろいろな方向に移動させて，その通過した部分の立体を考えるのもおもしろいですね。

(1)　右の図は，∠C＝90°の直角三角形 ABC です。3 辺の長さは，
AB＝13cm，BC＝5 cm，CA＝12cm です。辺 AC を軸に180°だけ
回転させたときにできる立体について考えます。

　①　その立体の見取図をかきなさい。

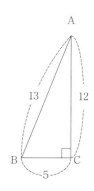

　②　その立体の体積を求めなさい。

(2)　(1)の直角三角形 ABC を次のように移動させ，その通過した部分の立体について，体積を求めなさい。

　〈移動〉辺 AC を軸に反時計回りに180°だけ回転した後，その位置から続けて，辺 BC を軸に時計回りに180°だけ回転する。

使用場面

　1年「空間図形」で回転体の学習と円錐の体積の授業が終わった後，発展課題として行うといいでしょう。(2)は易しくはないのですが，「算額をつくろうコンクール」の入賞作品から発想を得た問題で，原題は中学生がつくった問題です。さらに，いろいろな方向に直角三角形を動かしてその通過部分の立体について考えさせてもおもしろいですね。

授業展開

S　半回転しか回転しないってことは，底面は半円ってことですか？

T　そういうことになります。そこまでわかっていれば，(1)は大丈夫です。

S　(2)は頭の中で直角三角形がごちゃごちゃになっています。

T　そう？　途中までは(1)と一緒でしょ？　そこからは？

S　え，だって，円錐の中を直角三角形が回転していこうとしていませんか？

T　後半の動きは「時計回り」ですから，円錐の内部を直角三角形が進むことはないな。

S　あ，本当だ。見取図をかくのが大変だな。かかなくていいですか？

T　(2)の見取図にもチャレンジしよう。さらに，(1)の立体の表面積は求められますか？

S　底面は $\frac{25}{2}\pi\,\mathrm{cm}^2$ で，奥の二等辺三角形は $60\,\mathrm{cm}^2$，側面の曲面部分が無理～。

T　展開図はおうぎ形ですね。(面積)＝(弧の長さ)×(半径)÷2という公式がありました。

S　弧の長さは $5\pi\,\mathrm{cm}$ なので，その面積は $\frac{1}{2}\times 5\pi\times 13=\frac{65}{2}\pi\,\mathrm{cm}^2$，合計 $(45\pi+60)\,\mathrm{cm}^2$ です。

解答解説

(1)　①　見取図は右の図。円錐を半分にわったもの。

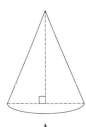

　　②　底面は半円で，その面積は，$\frac{1}{2}\times\pi\times 5^2=\frac{25}{2}\pi\,\mathrm{cm}^2$

　　　　よって，体積は，$\frac{1}{3}\times\frac{25}{2}\pi\times 12=50\pi\,\mathrm{cm}^3$

(2)　移動は反時計回りの前半と時計回りの後半に分けられる。

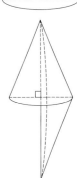

　　前半の移動でできる立体の体積は，(1)②から $50\pi\,\mathrm{cm}^3$

　　後半の移動でできる立体の底面積が，$\frac{1}{2}\times\pi\times 12^2=72\pi\,\mathrm{cm}^2$ であり，

　　その体積は，$\frac{1}{3}\times 72\pi\times 5=120\pi\,\mathrm{cm}^3$　　よって，$50\pi+120\pi=170\pi\,\mathrm{cm}^3$

　　※ちなみに，表面積は，(1) $(45\pi+60)\,\mathrm{cm}^2$　(2) $(195\pi+60)\,\mathrm{cm}^2$

データを冷静に読み取ろう

難易度 ★ ★ ★ ☆ ☆	組　　　番　（名前）

　テレビや新聞，インターネットなどいろいろなメディアで，データにあふれています。ある商品の広告の中にある検証データ，政党の支持率，進学塾の合格者数…数字で表されるとインパクトが大きく，それが独り歩きすることもあります。冷静に受けとめたいですね。

(1)　次の表は，1組の20人で行った英語のテストの結果です。

点数	0	1	2	3	4	5	6	7	8	9	10
人数	0	2	0	2	6	2	0	0	0	1	7

　①　このデータの平均値，中央値，最頻値をそれぞれ求めなさい。

　②　テストが先生から返されたときに，次のような会話がありました。
　　　先生「平均点は，ほぼ6点ぴったりです」
　　　A君「えー，そんなに6点取っている人がいっぱいいるのかよ」
　　　このA君の考え方は正しいでしょうか。

(2)　全校生徒480人の学校で，インフルエンザが流行し，この冬は45人がかかりました。この45人に予防接種の注射を受けていたかアンケートしたところ，24人は「注射していた」，21人は「注射していなかった」と答えました。アンケートの結果を見て，ある生徒が「24人て，21人より多いじゃん。予防接種，意味ないんじゃね？」と言いました。本当に予防接種は効かなかったのでしょうか。

　1年「データの分析と活用」の中で，代表値や相対度数の学習が終わった後に取り組みたい問題です。データをまとめて表やグラフにすることだけでなく，データを見て冷静に読み取れることも，授業を通して身につけさせたいところですね。また，(1)を通して，3つの代表値は，どのようなデータで有効な役割を果たすのか話し合ってもいいですね。

授業展開 ···

S　先生，全員で20人だと，中央値は考えられないですよね？

T　おやおや，そういう場合に中央値はどうするんだっけ？　誰かわかる人？

S　中央にある2つの値の平均をとります。

T　そうですね。②のA君の考え方はどうかな？　みんなやってしまいがちじゃない？

S　「平均55点だよ」とか言われたら，「55点っていっぱいいるんだ」って思っちゃう。

T　こんなふうに点数の分布が大きく2つに分かれているときは，こういうこともある。

S　それぞれの分布の山で平均値を出したら，ある程度意味のある値になりそう。

T　それはよい提案ですね。(2)はどうですか？

S　え？　これは違うの？　だって注射，結構効いてないよね？

T　そうとも限らないんですよ。考えてみよう。

S　インフルエンザにかかっていない人の声を聞きたいね。

T　全校生徒で何人が予防接種を受けたか自分で決めて，発症確率を算出しよう。

S　CMを見て勘違いしないように，「広告は数字を巧みに使ってくる」と肝に銘じます。

解答解説 ···

(1)　①　平均値（$1×2+3×2+4×6+5×2+9×1+10×7$）$÷20=6.05$点

　　　　　第10位は5点，第11位は4点なので，中央値（$5+4$）$÷2=4.5$点

　　　　　度数が最も高いのは7なので，最頻値10点

　　②　平均値はほぼ6点であるが，6点の度数は0である。

　　　　平均値に近い点数を取った人が最も多いとは限らない。

　　　　最も人数が多い階級を知るためには，最頻値を利用するとよい。

(2)　例：全校生徒480人のうち，何人が予防接種を受けていたかわからないから，予防接種が効かなかったとは言えない。480人のうち，450人が予防接種を受けていて，30人が受けていなかったとする。$24÷450≒0.053$，$21÷30=0.7$であるから，予防接種を受けていた人の発症率は5.3%，受けていなかった人の発症率は70%となる。このデータからは，予防接種の効果があったと見られる。

年　月　日

4人で等分できるか考えよう

難易度 ★ ★ ★ ☆ ☆　　　　　組　　番 （名前）

　例えば，「76万5432円を4人でぴったり分けられますか？　それとも，あまりが出ますか？」と聞かれたらどうします？　わり算をしますか？　簡単に判定する方法があります。

(1)　3けたの数312は4でわりきれますか。また，空らんを正しく埋めましょう。

$$312 = 3 \times \boxed{} + 1 \times \boxed{} + 2$$

(2)　4けたの数1926は4でわりきれますか。また，空らんを正しく埋めましょう。

$$1926 = 1 \times \boxed{} + 9 \times \boxed{} + 2 \times \boxed{} + 6$$

　　　　　　　　　　　　　　　※1926の26を「下2けた」と呼ぶことがあります。

(3)　4けたの数は，その下2けたが4の倍数であれば，4でわりきれます。このわけを，文字を使って説明しましょう。

（説明）4けたの数は，文字 a, b, c, d で $\boxed{}$ と表せる。

$$\boxed{} = 4\left(\boxed{} \right) + 10c + d$$

　　　4 × (整数) は，4の倍数であるから，4でわりきれる。

　　　$10c + d$ は，$\boxed{}$

(4)　6けたの数765432は4でわりきれるか判定するときも，下2けただけに注目するのでよいですか。予想し，話し合ってみましょう。

　2年「式の計算」の最後に行いたい教材です。数の性質について文字で説明する問題を練習します。その応用問題の1つです。「倍数の見分け方」は知っておくと，分数の約分・通分の場面や素因数分解や根号を含む数の計算の場面で活躍します。理解度において差のつく問題なので，穴埋め形式にしました。

授業展開 --

S　76万円もあれば十分でしょ。32円とか…どうでもよくない？

T　「1円を笑う者は1円に泣く」と言います。ぴったり分け合えるかどうか考えよう。

S　765432を4でわるのは面倒です。何かよい方法はないかな？

T　6けたは大変なので，もう少し小さい数で考えてみよう。(1)まずは3けたから。

S　簡単にわり算できた。わりきれるね。この穴埋め，懐かしい。小学校でやった。

T　では，(2)はどうでしょう？　4けたになります。

S　あれ？　わりきれなくない？　計算間違ったかな。

T　君は正しい。わりきれません。私は一瞬で1926が4でわりきれるか判定できます。

S　え？　じゃあ，2873645783924は？　4でわりきれますか？

T　2兆8736億4578万3924は，4でわりきれます。24が4でわりきれるからです。

S　え？　24てどこ？　一番右にある2つ？

T　下2けたね。下2けたを考えればよい理由を(2)の穴埋め結果から，わかりませんか？

S　100とか1000は4でわりきれるけど，10より右は4でわりきれないからか。

T　このことを文字で表すと，下2けただけを見ればよいことが，はっきりします。

S　(3)は，教科書にあったように，文字で説明しなさいってことね。

T　(2)では，文字のおかげで9000個ある4けたの数について一度に説明できたことになります。

解答解説 --

(1)　わりきれる。$312 = 3 \times 100 + 1 \times 10 + 2$

(2)　わりきれない。$1926 = 1 \times 1000 + 9 \times 100 + 2 \times 10 + 6$

(3)　(説明)　4けたの数は，文字 a, b, c, d で $1000a + 100b + 10c + d$ と表せる。

　　　　　　$1000a + 100b + 10c + d = 4(250a + 25b) + 10c + d$

　　　　　　$4 \times$(整数) は，4の倍数であるから，4でわりきれる。

　　　　　　$10c + d$ は，下2けたである。これが4の倍数であれば4けたの数はわりきれる。

(4)　例：1万も10万も $4 \times$(整数) の形にできるから，(3)の説明と同じように4でまとめることができる。下2けたが4でわりきれるかどうかに注目すればよい。

9人で等分できるか考えよう

難易度 ★ ★ ★ ☆ ☆　　　　　　　組　　　番（名前）　　　　　　　　　　　

　　例えば，「55万5555円を9人でぴったり分けられますか？　それとも，あまりが出ますか？」
と聞かれたらどうします？　わり算をしますか？　簡単に判定する方法があります。

(1)　3けたの数324は9でわりきれますか。また，空らんを正しく埋めましょう。

$$324 = 3 \times \boxed{} + 2 \times \boxed{} + 4$$

$$3 + 2 + 4 = \boxed{}$$

(2)　4けたの数1782は9でわりきれますか。また，空らんを正しく埋めましょう。

$$1782 = 1 \times \boxed{} + 7 \times \boxed{} + 8 \times \boxed{} + 2$$

$$1 + 7 + 8 + 2 = \boxed{}$$

　　　　　　　　※1782の $1 + 7 + 8 + 2$ を「各位の数の和」と呼ぶことがあります。

(3)　4けたの数は，その各位の数の和が9の倍数であれば，9でわりきれます。このわけを文
　　字を使って説明しましょう。

　（説明）4けたの数は，文字 a, b, c, d で $\boxed{}$ と表せる。

　　$\boxed{}$ $= 9 (\boxed{}) + a + b + c + d$

　　$9 \times$（整数）は，9の倍数であるから，9でわりきれる。

　　$a + b + c + d$ は，$\boxed{}$

(4)　6けたの数555555は9でわりきれるか判定するときも，各位の数の和だけに注目するので
　　よいですか。予想し，話し合ってみましょう。

44

　2年「式の計算」の最後に行いたい教材です。数の性質について文字で説明する問題を練習します。その応用問題の１つです。「倍数の見分け方」は知っておくと，分数の約分・通分の場面や素因数分解や根号を含む数の計算の場面で活躍します。理解度において差のつく問題なので，穴埋め形式にしました。

授業展開 ··

S　55万円もあれば十分でしょ。55円とか…どうでもよくない？

T　「１円を笑う者は１円に泣く」と言います。ぴったり分け合えるかどうか考えよう。

S　555555を９でわるのは面倒です。何かよい方法はないかな？

T　６けたは大変なので，もう少し小さい数で考えてみよう。(1)まずは３けたから。

S　簡単にわり算できた。わりきれるね。この穴埋め，懐かしい。小学校でやった。

T　では，(2)はどうでしょう？　４けたになります。

S　これもわりきれます。１＋７＋８＋２＝18ですけど，何か意味があるんですか？

T　ありますよ。私は一瞬で1782が９でわりきれるか判定できます。

S　え？　じゃあ，1111111111111は？　９でわりきれますか？

T　１兆1111億1111万1111は９でわりきれません。13が９でわりきれないからです。

S　え？　13て何？　１の個数かな？

T　各位の数の和ね。これを考えればよい理由を穴埋め結果から，わかりませんか？

S　理由はよくわからないけれど，結構便利だね。わらなくてもわりきれるかわかる。

T　(3)で文字を使って説明すれば，各位の数の和を見ればよいことが，はっきりわかります。

S　文字で説明しなきゃダメですか？

T　(3)では，文字のおかげで9000個ある４けたの数について一度に説明できたことになります。

解答解説 ··

(1)　わりきれる。$324 = 3 \times 100 + 2 \times 10 + 4$，$3 + 2 + 4 = 9$

(2)　わりきれる。$1782 = 1 \times 1000 + 7 \times 100 + 8 \times 10 + 2$，$1 + 7 + 8 + 2 = 18$

(3)　(説明)　４けたの数は，文字 a, b, c, d で $1000a + 100b + 10c + d$ と表せる。

　　　　　　$1000a + 100b + 10c + d = 9 \ (111a + 11b + c) + a + b + c + d$

　　　　　　$9 \times$（整数）は，９の倍数であるから，９でわりきれる。

　　　　　　$a + b + c + d$ は，各位の数の和である。これが９の倍数であれば４けたの数は
　　　　　　わりきれる。

(4)　例：１万 $= 9999 + 1$，10万 $= 99999 + 1$ なので，同じように $9 \times$（整数）を取り出せる。(3)
　　　の説明と同じように何けたになっても各位の数の和だけに注目すればよい。

単位の変換公式をつくろう

2年 式の計算   年　月　日

難易度 ★ ★ ★ ★ ☆   組　　番 （名前）

あなたの体温は何度ですか。海外で体温計を使ってみると96度などと表示されることがあります。それは日本で使っている摂氏（℃）と異なる華氏（℉）と呼ばれる単位で表示されているのです。どのような関係があるのでしょうか。

(1) 次の等式を〔　〕の文字について解きなさい。

① $a = 2x + 3y$ 〔y〕

② $S = \dfrac{a}{360}\pi r^2$ 〔a〕

(2) 摂氏 $x°$C は華氏で表すと $y°$F であるとします。

摂氏を華氏に変換する公式として $y = \dfrac{9}{5}x + 32$ が知られています。この式から華氏を摂氏に変換する公式をつくりなさい。また，96℉ を摂氏で表しなさい。

(3) 1尺や1坪は，昔から日本で使われている長さ・面積の単位です。x 尺を ym に変換する公式として，$y = \dfrac{10}{33}x$ が知られています。さらに，1坪が1辺6尺の正方形の面積に等しいことから，Sm^2 を T 坪に変換する公式をつくりなさい。

　2年「式の計算」の後半で等式の変形という項目が出てきます。この後の「連立方程式」では代入法のときにその変形が必要になりますし，「一次関数」でもグラフの概形をつかむのに必要になります。重要にもかかわらず，定着させるのが難しい項目です。単位の変換という話題の中で必要性を見せられればよいと思います。

授業展開 ⋯⋯⋯⋯⋯⋯⋯⋯⋯⋯⋯⋯⋯⋯⋯⋯⋯⋯⋯⋯⋯⋯⋯⋯⋯⋯⋯⋯⋯⋯⋯⋯⋯⋯

S　$a = 2x + 3y$ を y について解くのだから，移項して…$-3y = 2x - a$ で $y = \dfrac{2x - a}{-3}$

T　正解ではないなあ。惜しい。分母のマイナスを分数の前に出せば正解です。

S　分母にマイナスがあってもいいじゃん。これだと計算途中なわけね。はいはい。

T　よい方法がある。はじめに解く文字〔y〕を左辺にするために，右辺と交換しよう。

S　そんなことしていいの？

T　左辺と右辺は同じなのだから，A=B は B=A としてもいいんだよ。

解答解説 ⋯⋯⋯⋯⋯⋯⋯⋯⋯⋯⋯⋯⋯⋯⋯⋯⋯⋯⋯⋯⋯⋯⋯⋯⋯⋯⋯⋯⋯⋯⋯⋯⋯⋯

(1)　①　　　　　　$a = 2x + 3y$

　　　　$2x + 3y = a$　文字〔y〕を左辺にした

　　　　$3y = -2x + a$

　　　　$y = -\dfrac{2}{3}x + \dfrac{1}{3}a$　$\left[y = \dfrac{-2x + a}{3} \right]$

②　　　　　　$S = \dfrac{a}{360}\pi r^2$

　　　　$\dfrac{a}{360}\pi r^2 = S$　文字〔a〕を左辺にした

　　　　$\pi r^2 a = 360S$　分母をはらった

　　　　$a = \dfrac{360S}{\pi r^2}$

(2)　　　　　$y = \dfrac{9}{5}x + 32$

　　　　$\dfrac{9}{5}x + 32 = y$　文字〔x〕を左辺にした

　　　　$9x + 160 = 5y$

　　　　$x = \dfrac{5y - 160}{9}$　$\left[x = \dfrac{5}{9}y - \dfrac{160}{9} \right]$

　　　　$y = 96$ を代入して，$x = 35.555\cdots$
　　　　ゆえに，約35.6℃

(3)　$y = \dfrac{10}{33}x$ に $x = 6$ を代入して $y = \dfrac{20}{11}$

　　　ゆえに，6尺は，$\dfrac{20}{11}$ m である。

　　　よって，1坪は，$\left[\dfrac{20}{11} \right]^2 = \dfrac{400}{121}$ m² である。

　　　$S = \dfrac{400}{121}T$ であるから，$T = \dfrac{121}{400}S$

　　　※1坪は約3.3m²

答えのない問題をつくろう

難易度 ★ ★ ★ ☆ ☆　　　　　組　　　番（名前）

　　連立方程式の文章問題で「それはあり得ないよ」「ちょっとおかしくないか」というような問題は教科書にはありませんね。そういう問題をあえてつくってみましょう。

(1)　問題「ある兄弟は合わせて20本のえんぴつを持っています。兄は弟より5本多く持っています。兄と弟はえんぴつをそれぞれ何本持っていますか」には答えがありません。なぜ答えがないと言えるのか，次の空らんを埋めて話し合ってみましょう。

（解答）兄はえんぴつを x 本，　　　　　　　　　　　　　　　　　持っているとする。

$$\begin{cases} x + y = 20 \\ \end{cases}$$　　この解は，$x = $ 　　　　，$y = $ 　　　　

これらは問題に 　　　　　　　　　　　　

　　　　　　　　　　　　　　　　　　　答　そのような本数はない

(2)　次の問題で答えがないように空らんに数を入れ，(1)のように解答を書いてみましょう。

　　問題「図書館の本から87冊をA組とB組で分けておくことになりました。A組の方がB組より 　　　　　 冊多くおくとき，A組とB組でそれぞれ何冊おきますか」

（解答）

(3)　(1)と(2)を通して，答えがある問題では，2つの個数の合計と個数の差にはどのような関係があると考えられますか。

　2年「連立方程式」の文章題の練習をする中で行いたい問題です。方程式の文章題では解の吟味を行います。個数を未知数として文字でおいているので，連立方程式の解が負の数，分数や小数になる場合は問題に適していないと言えます。吟味の必要性を伝えるのによい素材だと思います。

授業展開 ···

S　「答えのない問題をつくる」ってどういうことですか？

T　まずは(1)をやってみよう。

S　$x=12.5$になりました。兄は12本のえんぴつと半分に折ったのを持っているのかな？

T　はじめにxを本数としているから，xは自然数と考えるのが自然だね。

S　出ました，親父ギャグ。じゃあ，最後の空らんに入るのは「適していない」ですか？

T　そうです。

S　これが答えのない問題か。「適していない」という結果になる問題もあるのですね。

T　では，(2)でA組とB組の冊数の差を何冊にしたら，(1)のような答えのない問題になる？

S　(1)と同じ5としたら，$x=46$，$y=41$となって答えが出てしまいました。

T　答えが正しく出ることは，本当は喜ばしいことなのだけど…今日は特別ね。

S　空らんを10にしたら，$x=48.5$になりました。本を1冊だけ半分にちぎって届けます。

T　ミステリー小説を半分にしてはダメダメ。B組だけ犯人がすぐにわかってしまう！

S　合計が奇数のときは差も奇数にすると，答えがある問題になるみたいですね。

T　奇数には奇数を，偶数には偶数を。なぜそうすればうまくいくのか話し合ってみよう。

解答解説 ··

(1)　兄はえんぴつをx本，弟はえんぴつをy本持っているとする。

$$\begin{cases} x+y=20 \\ x-y=5 \end{cases} \quad \text{この解は，} x=\frac{25}{2}, \ y=\frac{15}{2}$$

　これらは問題に適していない。　　　　　　　　　　　　　答　そのような本数はない

(2)　例：空らんを10とする。

　　（解答）A組に本をx冊，B組に本をy冊おくとする。

$$\begin{cases} x+y=87 \\ x-y=10 \end{cases} \quad \text{この解は，} x=\frac{97}{2}, \ y=\frac{77}{2}$$

　　これらは問題に適していない。　　　　　　　　　　　答　そのような冊数はない

(3)　2つの個数の合計が偶数で個数の差が偶数のときには答えがある。また，合計が奇数で差が奇数のときにも答えがある。

江戸時代の手品をやってみよう

難易度 ★ ★ ★ ★ ☆　　　　　　　　　　組　　　　番　（名前）

　　江戸時代にも算数・数学はありました。現在の数学と区別して「和算」と言います。和算には，「さっさ立て」というあそびがありました。数学を利用した手品です。

　　あめ玉が30個あります。小さな子が列をつくっていて，Ａさんが１人ずつに１個か２個のあめ玉を配ります。１個でも２個でも子どもは「ありがとう」と１回言います。Ｂさんは，少し離れたところで「ありがとう」の回数を数えていました。18回だったので，Ｂさんは「１個しかもらえなかった子は６人だね」とすぐに言い当てました。

　　Ｂさんは，どう考えたのでしょうか。

(1)　何人があめ玉をどのようにもらったのか考えてみましょう。

　　（解答）あめ玉を１個もらった子を x 人，　　　　　　　　　　　　　　　　　とする。

$$\begin{cases} x + 2y = 30 \\ \qquad \end{cases}$$

　　　　　　　　　　　　　　　　　　　この解は，$x =$ 　　　　　　，$y =$

　　　　これらは問題に

　　　　　　　　答　あめ玉を１個もらった子は　　　　　　人，２個もらった子は　　　　　人

(2)　Ｂさんがすぐに言い当てるためには，どのような計算をすればよいですか。

　　　　「ありがとう」の回数を　　　　倍して，

(3)　チョークが16本あります。チョークが白ければ２本を一度に取ります。色のついたチョークならば１本ずつ取ります。色がついていない，ついているにかかわらず，チョークを取ると同時に「さあ！」と言います。全部で「さあ！」と11回言いました。チョーク16本のうち，色のついたチョークは何本ですか。すぐに言い当ててください。

　2年「連立方程式」の学習が一通り終わったところで，レクリエーションとして取り入れるといいですね。(1)の連立方程式で x を求めるために行う加減法の操作から，(2)の種明かしにつながってきます。チョークやマグネットを利用して(3)のような問題をみんなで取り組み，ある生徒が手品師のようにズバッと言い当てられたら盛り上がるでしょう。

授業展開 ‥‥‥

S　問題文の意味がよくわからないんだけど。

T　よく読んでみよう。あめ玉を配るAさんは気分屋で，1個わたしたり2個わたしたりする。

S　ああ，そういうこと？　「1個しかもらえなかった人〜？」って手を挙げさせればよくね？

T　まあそう言わずに。Bさんは声だけを聞いてすぐに言い当てるのだから，すごいよね。

S　Bさんはそんなに連立方程式の計算が速いのか。

T　そうじゃなくて！　Bさんは1個だけ配られた人数を求めるための公式を知っているんだ。

S　それが(2)ってこと？

T　そうそう。(1)を解いてみて気がついたことはないかな？

S　先生，わかったよ。18を2倍して30をひくんだね。

T　お！　日本語で種明かしをしてくれるかな？

S　「ありがとう」の回数を2倍して，あめ玉の個数をひく！

T　正解！　では…ここに赤と青のマグネット合わせて20個あります。赤は1個ずつ取って，青は2個ずつ取ります。色関係なくマグネットを取るごとに「さあ！」と言います。

S　赤のマグネットの個数を当てるの？

T　そうです。では，机に伏せてください。さあ！さあ！さあ！…さあ！　12回言いました。

S　わかった！　赤のマグネットは4個だね。12×2−20＝4だもの。

解答解説 ‥‥‥

(1)　あめ玉を1個もらった子を x 人，2個もらった子を y 人とする。

$$\begin{cases} x + 2y = 30 & \cdots① \\ x + y = 18 & \cdots② \end{cases}$$

$$\begin{array}{rl} 2x + 2y = 36 & ②×2 \\ -)\ \ x + 2y = 30 & ① \\ \hline x\qquad\ = 6 & \end{array}$$

これを②に代入して，$6 + y = 18$　ゆえに，$y = 12$

よって，この解は，$x = 6$，$y = 12$　これらは問題に適している。

答　あめ玉を1個もらった子は6人，2個もらった子は12人

(2)　「ありがとう」の回数を2倍して，それからあめ玉の個数をひけばよい。

(3)　「さあ！」の回数を2倍して，チョークの本数をひけばよい。$11×2−16＝6$ 本

古代エジプトの問題を解いてみよう

難易度 ★ ★ ★ ☆ ☆　　　　　　　組　　　番（名前）

　時は紀元前1650年ごろ，今から約3600年前です。古代エジプトの問題を「リンド・パピルス」と呼ばれる昔の文書が伝えてくれています。「リンド」はこれを発見した人の名前で，「パピルス」は古代エジプトの紙のことです。古代エジプト人を超えられるか？

　一列に並んだA，B，C，D，Eの5人に100kgの穀物を分けました。隣り合う2人の取り分の差はみな同じで，Aの分が最も少なく，Eの分が最も多くなっています。AとBの取り分の合計は，CとDとEの取り分の合計の7分の1でした。それぞれの取り分を求めなさい。

(1)　Aの取り分を$x$kg，隣り合う2人の取り分の差を$y$kgとします。B，C，D，Eそれぞれの取り分を文字を使って表しなさい。

(2)　A，B，C，D，Eそれぞれの取り分を求めなさい。

(3)　隣り合う2人の取り分の差を$y$kg，ある人の取り分を$x$kgとすると，連立方程式のうちの1つの方程式はxのみの一次方程式にすることができ，(2)よりも簡単に答えを求められます。誰の取り分を$x$kgとしたらよいですか。

使用場面

　2年「連立方程式」の学習が一通り終わったところで，古代エジプトという古い時代・遠い場所でもこのような文章題があったことを，活動を通して知ることができます。また，量を並べたものが等差数列になる問題として「5つの続いた整数43，44，45，46，47の和を求めよ」を挙げ，$45 \times 5 = 225$と即座に求まるものを取り上げてもおもしろいです。

授業展開

S　エジプトって，ピラミッドとかスフィンクスのある砂漠の国ですか？

T　はい。計算や測量ができたから，あんなに巨大なピラミッドをつくれたんでしょうね。

S　A，B，C，D，Eの取り分をそれぞれa，b，c，d，eとおくのかと思った。

T　文字が5つもある連立方程式は大変そう。文字の個数はなるべく少ない方がいい。

S　それで(1)があったので助かりました。

T　複雑そうに見えるけれど，丁寧に計算していけば，すっきりとした形になりますね。

S　先生，でも方程式を解くのがうまくいきません。

T　え？　なぜですか？…答えは分数になります。

S　えー，そうなんですか。てっきり整数になるのかと思った。

T　「リンド・パピルス」には，分数の計算もすでに載っているんですよ。

S　そんな昔から!?　結構汚い値ですね。何度も解き直しをしてしまいました。

T　Aの分をxとすると結構計算が大変です。もっといい文字のおき方はないかな？

S　Cの量が真ん中なので，それをxとするとよさそうです。続いた整数についての文章題でそういう問題があったと思います。

解答解説

(1)　B，C，D，Eの分はそれぞれ $(x + y)$kg，$(x + 2y)$kg，$(x + 3y)$kg，$(x + 4y)$kg

(2)　(1)より，
$$\begin{cases} x + (x + y) + (x + 2y) + (x + 3y) + (x + 4y) = 100 \\ x + (x + y) = \dfrac{1}{7}\{(x + 2y) + (x + 3y) + (x + 4y)\} \end{cases}$$

ゆえに，$\begin{cases} x + 2y = 20 \\ 11x - 2y \end{cases}$　これを解くと，$(x,\ y) = \left(\dfrac{5}{3},\ \dfrac{55}{6}\right)$である。

これらは問題に適している。

よって，A，B，C，D，Eの取り分はそれぞれ，$\dfrac{5}{3}$kg，$\dfrac{65}{6}$kg，20kg，$\dfrac{175}{6}$kg，$\dfrac{115}{3}$kg

(3)　Cの分を$x$kgとすると，A，B，D，Eの分はそれぞれ $(x - 2y)$kg，$(x - y)$kg，$(x + y)$kg，$(x + 2y)$kgとなるから，一次方程式$5x = 100$が立てられる。

2年 一次関数

年　　月　　日

どちらの坂が急なのか考えよう

難易度 ★ ★ ☆ ☆ ☆　　　　　　　　　　組　　　番（名前）

　　2つ以上のものを比べるときには，「何となくこちらの方が大きい気がする」というような
あいまいな考えではなく，何か基準を決めて測りたいですね。

(1)　次の図は，すべり台を表しています。どちらのすべり台の方が急坂ですか。

①

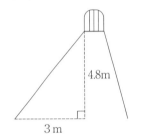

4.8m

3 m

②

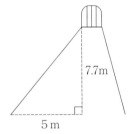

7.7m

5 m

(2)　車いすの方にとって，階段の上り下りは大変です。そこで，階段のわきに長い緩やかな坂
（スロープ）がつくられています。バリアフリー法で定められる基準では，スロープの勾配
は屋内では「1/12以下」とされています。次の図のスロープはその基準を満たしているか
検証しましょう。

①

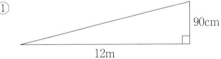

90cm

12m

②

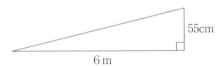

55cm

6 m

(3)　右の図の直線①，②の式を求めなさい。

　　直線の式 $y=ax+b$ の b の値は，y 軸との交点の
y 座標として，右の図の中に現れます。一方で，a の
値はどこに現れますか。

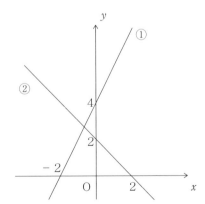

使用場面 ⋯⋯⋯⋯⋯⋯⋯⋯⋯⋯⋯⋯⋯⋯⋯⋯⋯⋯⋯⋯⋯⋯⋯⋯⋯⋯

　　2年「一次関数」の一次関数 $y = ax + b$ について一通り学習が終わったところで（「一次関数と方程式」に入る前に）行いたい問題です。坂の傾きを考えるときに水平方向の距離を統一して見ることで，正しく比べることができます。一次関数で習う「傾き」は，日常でも傾斜を考えるのに自然な考え方と知り，式とグラフの定着を図ります。

授業展開 ⋯⋯⋯⋯⋯⋯⋯⋯⋯⋯⋯⋯⋯⋯⋯⋯⋯⋯⋯⋯⋯⋯⋯⋯⋯⋯

T　あなたなら，急なすべり台と緩やかなすべり台では，どちらを滑りたいですか？

S　僕は，急な方がいいな。スピードが出て楽しいじゃん。

T　(1)では，2つのすべり台があります。どちらが急でしょうか？

S　②の7.7mってだいぶ高くない？　やばいね。②の方が急なんじゃないかな？

T　そうでしょうか。他に何かよい比べ方はないかな？

S　横の長さが3mと5mでそろっていない。これをそろえればいいんじゃないかな？

T　よいところに気がつきました。横に1m進むとき，どのくらい落ちるのだろう？

S　①では4.8÷3＝1.6m，②では7.7÷5＝1.54mですか。あ，①の方が急なんだ。

T　横に進む長さを1mで統一したことで，2つを正しく比べることができました。

S　これって，ここまで勉強してきた「グラフの傾き」と一緒じゃん。

T　そうです。直線のグラフについて，傾きを考えるのは自然なことなんですね。

解答解説 ⋯⋯⋯⋯⋯⋯⋯⋯⋯⋯⋯⋯⋯⋯⋯⋯⋯⋯⋯⋯⋯⋯⋯⋯⋯⋯

(1)　①の坂の方が急である。下の図のように水平方向の距離を統一して考える。

　　①　4.8 ÷ 3 ＝ 1.6　　　　　　　　　　②　7.7 ÷ 5 ＝ 1.54

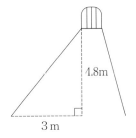　　　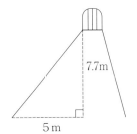

(2)　①のスロープの勾配は，$\dfrac{9}{120}$ で $\dfrac{1}{12}\left[=\dfrac{10}{120}\right]$ より小さい。基準を満たしている。

　　②のスロープの勾配は，$\dfrac{11}{120}$ で $\dfrac{1}{12}\left[=\dfrac{10}{120}\right]$ より大きい。基準を満たしていない。

(3)　①　$y = 2x + 4$　②　$y = -x + 2$

　　a の値は，図の中において，直線が右に1だけ進むときに上へどれだけ進むかである。

2年 一次関数

レーザービームで的を狙おう！　エピソードⅡ

難易度 ★ ★ ★ ☆ ☆ 　　　　組　　番（名前）

　まっすぐに進むレーザービームを使って的を狙おう。レーザービームを発射するには，進む向きの直線の式を入力しないといけない。これまでの学習を頼りに正しく入力して，しっかり打ち落としてほしい！

(1)　次の図で，◇Sからレーザービームを発射します。◇Sと的◉を通る直線の式を入力し，的を打ち落としましょう。

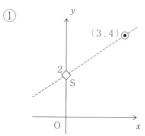

入力 [　　　　　]　　入力 [　　　　　]　　入力 [　　　　　]

(2)　次の図で，◇Sからレーザービームを発射し，1辺が2の正方形の的に当てるとき，傾き a の変域を求めなさい。

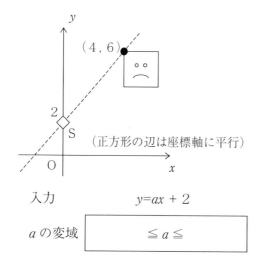

（正方形の辺は座標軸に平行）

入力　　　　　$y = ax + 2$

a の変域 [　　　$\leqq a \leqq$　　　]

(3)　次の図で，◇Sからレーザービームを発射します。◇Sと的◉を通る直線の式を入力し，的を打ち落としましょう。ただし，■の壁はレーザーを無力化させてしまいます。鏡▨で反射させましょう。

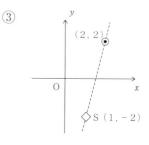

入力 [　　　　　　　　　　]

　2年「一次関数」の章末に直線の式を求めることを，ゲーム感覚で演習することができます。⑵を通して，傾きを変化させたときに直線が動く様子を感じられると思います。ゲーム感覚で考えることで，数学の問題を考えるときよりも，それが感じられることに期待します。⑶では，反射の問題を考えるときに，対称点をとることが有効と知る機会になります。

授業展開 ………………………………………………………………………………

T　一次関数の式を求めることの復習として，このプリントに取り組みます。式を装置に入力すると，レーザービームが発射されます。

S　式の入力を間違えると？

T　的に当たらない方向に，ビームが飛んでいってしまいます。

S　⑴は楽勝だね。①は切片が2なので，直線の式は定数 a を用いて $y = ax + 2$ と表せます。

T　いいですね。その後はどうしますか？

S　点（3，4）を通るので，その式に $x = 3$，$y = 4$ を代入します。

T　それでもよいのですが，（傾き）＝（y の増加量）÷（x の増加量）を使った方が速いです。

S　ホントそうですね。へーこれは使える。⑶が難しいんですけど…どうしよう。

T　スペースシップ◇の乗組員になりきって考えてみて。鏡に的が写っていますよ。

S　その鏡に写っている的を目がけて発射すれば，うまく反射してくれるのか！

T　直観的にはそれでよいです。図形の証明を学べば，論理的にもそれでよいとわかります。

解答解説 ………………………………………………………………………………

⑴　①の入力は $y = \dfrac{2}{3}x + 2$　　〔切片が2であり，点（3，4）を通る直線の式〕

　②の入力は $y = 2$　　　　　　　〔x 軸に平行で，点（5，2）を通る直線の式〕

　③の入力は $y = 4x - 6$　　　　〔2点（1，-2），（2，2）を通る直線の式〕

⑵　直線 $y = ax + 2$ のうち，正方形の的に当たるとき，a の変域は，$\dfrac{1}{3} \leqq a \leqq 1$ である。

　〔傾きが最も大きいのは点（4，6）を通るとき，最も小さいのは点（6，4）を通るとき〕

⑶　入力は $y = -\dfrac{6}{5}x + \dfrac{26}{5}$

　〔反射の問題では，入射角と反射角が等しいことから，鏡の面に関して的と対称な点を考える。
　2点（1，4），（6，-2）を通る直線の式〕

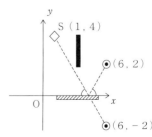

錯視の図形で証明しよう

難易度 ★ ★ ☆ ☆ ☆　　　　　　組　　　　番（名前）

　錯視を知っていますか？　まっすぐな直線が曲がって見えたり，同じ長さの２本の線分が異なる長さに見えたりする図形がよく知られています。トリックアートの一種です。

　右の図は，すべて直線でかかれていて，四角形PQRSは長方形です。線分AB，CDはその長方形に平行ですが，曲がって見えますね。それらがまっすぐであることを定規で確かめましょう。

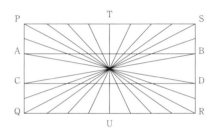

(1)　AD＝BCであることを次のように証明しました。空らんを正しく埋めなさい。

（証明）

　ア△ ［　　　］ と　△BDC　について，

　　　AC　＝　イ ［　　　］

　ウ ［　　　］　＝　∠BDC

　　　CD　＝　エ ［　　　］　（共通）

であり，

　オ ［　　　　　　　　　　　から］

　カ ［　　　］　≡　△BDC　である。

合同な図形の対応する辺は等しいから

　　　AD　＝　BC　　（証明終）

(2)　線分TUは，TU⊥PS，TU⊥QRである。線分TUとPRの交点をOとする。PT＝RUのとき，TO＝UOであることを証明しなさい。

（証明）

おまけ①　上と下では，どちらが長い？

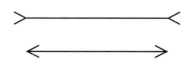

おまけ②　左下とつながっているのはA？B？

　２年「平行と合同」の中で，初めて図形の証明問題に取り組むことになります。三角形の合同の証明は一番の基本であり，三角形の相似の証明にもつながっています。しっかりと書けるようにさせたいところです。錯視の図形でわいわい楽しく練習しましょう。

授業展開

S　うわー，ホントだ。曲がって見える。先生，ホントに AB と CD は直線なの？

T　ぜひ定規を当ててみてください。「ヘリング錯視」と言って，ドイツのヘリングさんが発見しました。

S　確かに，まっすぐだな。不思議。はい，おしまい！

T　いや，まてまて。三角形の合同の証明をしよう。①の穴埋めから。

S　出たよ，証明。△ ACD と△ BDC の合同を証明するんでしょ？

T　そうです。そのときに使う合同条件は何でしょう？

S　「２組の辺とその間の角がそれぞれ等しい」ですね。

T　左側に△ ACD の辺や角，右側に△ BDC の辺や角を書きます。空らんエはどうですか？

S　エは CD じゃないんですか？

T　辺や角は対応順を守って書きます。△ ACD の CD に対応する辺は，△ BDC の DC です。

S　証明１行目をちゃんと対応順に書いておけば，辺や角も対応順に書きやすいね。

T　そうなんです。よく気がつきました。では，(1)の証明をマネして(2)もやってみましょう。

S　証明をきれいに書くコツってありますか？

T　１行目の「と」，イコール「＝」，合同の記号「≡」をたてにそろえて書くといいですよ。

解答解説

(1)　△ ACD と△ BDC について，

$$AC = BD$$

$$\angle ACD = \angle BDC$$

$$CD = DC （共通）であり，$$

　　２組の辺とその間の角がそれぞれ等しいから

　　△ ACD ≡△ BDC である。

　　合同な図形の対応する辺は等しいから

$$AD = BC （証明終）$$

おまけ①　上と下の線分は同じ長さ

(2)　△ PTO と△ RUO について，

$$PT = RU$$

$$\angle PTO = \angle RUO$$

$$\angle TPO = \angle URO （平行線の錯角）$$

　　１組の辺とその両端の角がそれぞれ等しいから

　　△ PTO ≡△ RUO である。

　　合同な図形の対応する辺は等しいから

$$TO = UO （証明終）$$

おまけ②　左下とつながっているのは，B

星形多角形で角の和を求めよう

難易度　★　★　★　☆　☆

組　　　番（名前）

　星形☆は，五角形の頂点を結んでかくことができます。五角形に限らず，多角形の頂点を結んでできるギザギザな図形を星形多角形と言います。その角の和を求める問題に挑戦しよう。その前に，角度を求める問題で便利な技を復習します。

(1)　下の図で，∠xの大きさを求めなさい。

①
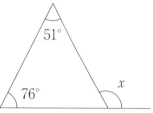

②
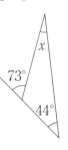

③
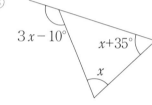

(2)　下の図で，印をつけた角の和を求めなさい。

①
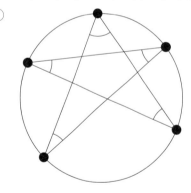

②
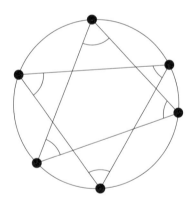

(3)　右の図で，円周上の7つの点を1つおきに結んでいって，(2)のように円周上の点にできる7つの角の和を求めなさい。また，円周上の n 個の点を1つおきに結んでいってできる n 個の角の和を n の式で表しましょう。

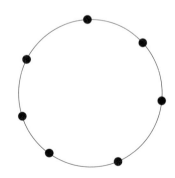

使用場面

　2年「平行と合同」の中で，角度の大きさを求める問題を扱います。それが苦手だという生徒は少ないのですが，よく見るとすごく遠回りをして求めている場合があります。(1)で，内角をすべて求めて解くのもそうです。「外角はそれと隣り合わない内角の和である」ことを活用させたいですね。(2)①も，(1)を使えば解決できます。(2)①は，他の方法もあります。

授業展開

S　角度の問題は余裕ですよ。(1)①は，$180° - 76° - 51° = 53°$ で$180° - 53° = 127°$ です。

T　うーん。答えは合っているんですが，もっと楽に出せる方法があります。

S　いいじゃないですか，合っているんだから。

T　いや，手順は簡単な方が，計算ミスを減らせます。それを知る気持ちは必要です。

S　じゃあ，(1)はどうやったらいいのですか？

T　君の方法だと，180°からひくのを2回やっています。$76° + 51° = 127°$ で出せます。

S　ホントだ！　へー覚えておこう。(2)①でもそれが使えるんだね。

T　そうですね。その方法じゃなくてもいいですよ。

S　私は，(2)①を違う方法でやりました。円周上の点を順に結んで五角形をつくると新たにできる角の総和は，中の五角形のすべての外角の和に等しいから，$180° × (5 - 2) - 360° = 180°$

解答解説

(1)　「外角はそれと隣り合わない内角の和である」ことを活用する。

　　①　$\angle x = 76° + 51° = 127°$　　②　$\angle x = 73° - 44° = 29°$

　　③　方程式 $3x - 10 = x + (x + 35)$ を解いて，$x = 45$ が求まる。よって，$\angle x = 45°$

(2)　①

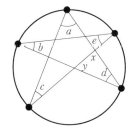

$\angle x = \angle a + \angle c$, $\angle y = \angle b + \angle e$
であるから，和は180°

　　②　三角形の内角の和2つ分
　　　　であるから，和は360°

(3)

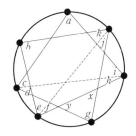

$\angle a + \angle c + \angle i = \angle b + \angle e + \angle k = 180°$,
$\angle x = \angle f + \angle j$, $\angle y = \angle d + \angle h$ なので，
和は，$180° × 3 = 540°$

n の場合，(2)(3)の結果を踏まえると，
$180(n - 4)°$

ピタゴラスの定理を証明しよう

難易度　★　★　★　★　☆

組　　　　番　（名前）

　　ピタゴラスの定理は，三平方の定理とも呼ばれ，中学３年生の教科書に載っています。この定理の証明は100以上あることが知られていますが，今日はその中で，三角形の合同を用いた証明を紹介します。

　　右の図のように，∠C＝90°の直角三角形 ABC の辺 AC の延長上に CB＝CD である点 D をとります。点 D から辺 AB に垂線を下ろし，その交点を E とします。線分 DE と辺 BC との交点を F とするとき，次の問に答えなさい。

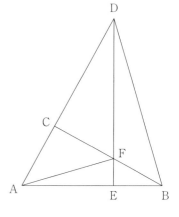

(1)　△ABC ≡ △FDC を証明しなさい。

(2)　△ADF と △BDF を合わせた図形の面積は，$\frac{1}{2} \times$ DF $\times$ AB で求められることを証明しなさい。

(3)　BC＝$a$cm，CA＝$b$cm，AB＝$c$cm であるとき，△ACF と △DCB のそれぞれの面積を求め，その和を考えることで，a，b，c の関係式を導きなさい。

　２年「平行と合同」の中で，一通り図形の証明問題を終えたところで取り組むといいでしょう。ちなみに，合同を示す対象の三角形は直角三角形ですが，直角三角形の合同条件を用いることはできないので，次の章「三角形と四角形」で扱うよりは，この章で扱うのがよいと思われます。

授業展開

S　ピタゴラスの定理？　ピタゴラスイッチなら知っているけど。

T　ピタゴラスはギリシャの数学者で，定理とは，証明された大切な性質のことです。

S　(1)の証明は，合同条件「２組の辺とその間の角がそれぞれ等しい」を使います。

T　うーん。そうかな？　CA = CF はなぜ言えるの？

S　△ ACF は∠ C ＝90°の直角二等辺三角形に見えるし，実際そうでしょ？

T　いやいや，それは問題文からは得られないな。丁寧に仮定条件を取り出そう。

S　(2)は最初わからなかったけど，たての線分 DF を底辺と見ればいいと気づいたよ。

T　いいね。ピタゴラスの定理は強力な定理。斜辺以外が３cm，４cmのとき，斜辺は？

S　$3^2 + 4^2 = 25$だから，斜辺は５cmか。どんな直角三角形でも成り立つんだね。

解答解説

(1)　△ ABC と△ FDC について，

$$CB = CD \qquad \cdots ①$$
$$\angle ACB = \angle FCD \qquad \cdots ②$$

∠ EFB = ∠ CFD = a（対頂角）とし，

$$\angle ABC = \angle FDC = 90° - a \cdots ③$$

①②③より，

１組の辺とその両端の角が

それぞれ等しいから

△ ABC ≡ △ FDC（証明終）

(2)　$\triangle ADF = \dfrac{1}{2} \times DF \times AE$ であり，

$\triangle BDF = \dfrac{1}{2} \times DF \times EB$ であるから，

$$\triangle ADF + \triangle BDF$$
$$= \dfrac{1}{2} \times DF \times (AE + EB)$$
$$= \dfrac{1}{2} \times DF \times AB \text{（証明終）}$$

(3)　(1)より，対応する辺の長さは等しいから，

CA = CF = $b$cm，BC = DC = $a$cm，AB = FD = $c$cmである。

$\triangle ACF = \dfrac{1}{2} b^2$cm^2，$\triangle DCB = \dfrac{1}{2} a^2$cm^{2}であり，これらの和は(2)の面積

$\dfrac{1}{2} \times DF \times AB = \dfrac{1}{2} c^2$cm^{2}に等しいから，$\dfrac{1}{2} b^2 + \dfrac{1}{2} a^2 = \dfrac{1}{2} c^2$であり，

$a^2 + b^2 = c^2$が成り立つ。（証明終）

定義を正しく言い当てよう

難易度 ★ ★ ★ ☆ ☆　　　　　　組　　　番（名前）

　図形の性質には，定義と定理があります。意外とそれをごっちゃにしてしまいます。ここでは並べられた性質のうち，どれが定義で，どれが定理なのかはっきりさせましょう。

(1)　定義，定理とは何か説明しましょう。

定義とは，

定理とは，

(2)　次のうち定義を選び，記号を○で囲みなさい。

①　正三角形

　　ア　3つの辺が等しい三角形

　　イ　3つの内角が等しい三角形

②　ひし形

　　ア　4つの辺が等しい四角形

　　イ　対角線が垂直に交わる四角形

　　ウ　対角線が垂直に交わる平行四辺形

③　長方形

　　ア　対角線が等しい四角形

　　イ　対角線が等しい平行四辺形

　　ウ　4つの内角が等しい四角形

④　平行四辺形

　　ア　対角線がそれぞれの中点で交わる四角形

　　イ　2組の対辺がそれぞれ等しい四角形

　　ウ　1組の対辺が平行でその長さが等しい四角形

　　エ　2組の対辺がそれぞれ平行である四角形

　　オ　2組の対角がそれぞれ等しい四角形

使用場面 --

　２年「三角形と四角形」の「平行四辺形」や「特別な平行四辺形」の項目が終わったときに，まとめとして使うといいですね。または，３年で受験準備を本格化させる導入として使用するのも効果的です。数学の論理を展開するに当たって，その根元，すなわち，ことばの定義をはっきりさせることが大切です。

授業展開 --

S　(1)は定義と定理，どっちがどっちだっけ？　どっちかは，ことばの意味だよな。

T　そうですね。「義」という漢字は，意義ということばにもあるように意味を表します。

S　じゃあ，定義がことばの意味ですね。それで，定理は証明されたものだ。

T　はい。いいでしょう。それでは，本題に入りましょう。(2)で定義を探せ！

S　①は楽勝。アですよね。②ひし形は…イの対角線が垂直に交わる四角形かな？

T　②ひし形でア～ウどれか聞きますから，定義だと思うものに手を挙げてください。アだと思う人？　イだと思う人？　ウだと思う人？　…散らばりましたね。正解はアです。

S　えー！　ひし形って，正三角形みたいな定義なんだな。

T　イの「対角線が垂直に交わる四角形ならばひし形である」は正しくありません。ことがらが正しくないことを言うのには，どうしたらいいですか？

S　んーわかりました。あの当てはまらない例を挙げるヤツ，何ていうんだっけ，反例だ。

T　その通り。反例を挙げるのでした。

S　平行四辺形は，対角線がそれぞれの中点で交わるから，②ウの言い方は正しいね。

解答解説 --

(1)　定義とは，ことばの意味をはっきりと述べたものである。

　　定理とは，証明されたことがらのうちで大切なものである。

(2)　①　ア　正三角形の定義は，３つの辺が等しい三角形である。イは正三角形の定理。

　　②　ア　ひし形の定義は，４つの辺が等しい四角形である。ウはひし形の定理。

　　　　「イならばひし形である」は正しくない。反例：次のような四角形 ABCD

　　　　$AC \perp BD$，AC と BD の交点を O とし，$AO = BO = CO = 2$，$DO = 4$

　　③　ウ　長方形の定義は，４つの内角が等しい四角形である。イは長方形の定理。

　　　　「アならば長方形である」は正しくない。反例：次のような四角形 ABCD

　　　　$AD / / BC$，$AB = CD = 3$，$AD = 2$，$BC = 5$，$\angle B = \angle C = 60°$

　　④　エ　平行四辺形の定義は，２組の対辺がそれぞれ平行である四角形である。

　　　　ア，イ，ウ，オは平行四辺形の定理。

領地と海岸線の両方を三等分しよう

　「平行線と面積」では，面積を変えずに形を変える方法を学びました。それを利用して，ある島の３つの国の境界線を引いてほしい。領地の広さだけでなく，海岸線の長さも平等に分けたいそうです。うまい方法はないだろうか。

　たて60km，横90km の長方形の島があります。領地の広さだけでなく，海岸線の長さも等しく分けて３つの国にします。どのように分割したらよいでしょうか。

(1)　はじめに，海岸線の長さを三等分します。右の図のように，島を長方形 ABCD と見立てて，その頂点 B を点 Z とし，辺 AD 上に点 X，辺 CD 上に点 Y をとりました。線分 AX と CY の長さを求めなさい。

(2)　次に，長方形の中に台形を２つつくることで，面積を三等分します。右の図で，AZ∥XP の台形 AXPZ と XD∥QY の台形 DXQY をつくります。線分 XP と QY の長さを求めなさい。

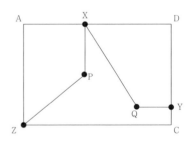

(3)　(2)の図で，海岸線も領地も同じだけ分けられていることになりますが，いびつな形の領地もあります。長方形 ABCD の内部に点 R をとり，線分 XR，YR，ZR で海岸線も領地も同じだけ分けられるようにしなさい。

　　2年「三角形と四角形」で「等積変形」の項目が終わったときに，まとめとして使うといい
ですね。こちらが考えているよりも「等積変形」は生徒にとっては難しいらしく，未熟なうち
にこの演習をやらせても厳しいでしょう。教科書などで，四角形や五角形を1本の直線で二等
分する練習を十分に積んでから臨みましょう。

授業展開 --

T　さあ，あなたはある島のリーダーです。うまく3つの国の言い分をまとめてください。

S　⑴で海岸線はうまく分けられました。

T　その調子です。⑵の面積はどうでしょう？

S　これも簡単ですね。台形の面積の出し方，忘れているヤツとかいるの？

T　⑵もうまくいったようですね。それでは，⑶です。

S　うーん。点Rはこの辺でいいかなっ！　島のリーダーの私が言うのだから許して。

T　いやいや，民主的にお願いしますよ。それでは，皆さん納得しないでしょう。

S　教科書でやった，台形の面積を変えずに三角形に変形するのが
　　役に立つのかな？

T　平行な直線を利用するのでしたね。

S　先生，そもそも右の図のように考えてはダメ？

T　これも正しいですね。9つに分割し，ふり分けるのですね！

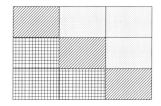

解答解説 --

⑴　海岸線は$60×2+90×2=300$kmなので，$300÷3=100$kmずつ分ければよい。

　　ZA$=60$kmであるから，AX$=100-60=40$kmであり，

　　ZC$=90$kmであるから，CY$=100-90=10$kmである。

⑵　面積は$60×90=5400$km^{2}なので，$5400÷3=1800$km^{2}ずつ分ければよい。

　　XP$=x$kmとすると，$(60+x)×40÷2=1800$を解いて$x=30$　よって，XP$=30$km

　　QY$=y$kmとすると，$(50+y)×50÷2=1800$を解いて$y=22$　よって，QY$=22$km

⑶　点Pを通って線分XZに平行な直線ℓ，点Qを通って線分XYに平行な直線mを引き，

　　ℓとmの交点をRとする。

　　　△XZP$=$△XZRであるから，

　　　（台形AXPZ）$=$（四角形AXRZ）

　　　また，△XYQ$=$△XYRであるから，

　　　（台形DXQY）$=$（四角形DXRY）

　　　四角形RYCZも1800km^{2}となる。

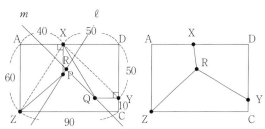

垂直な直線の方程式を求めよう

難易度　★　★　★　★　★　　　　　　　　組　　　　番　（名前）

　「一次関数」の章で，平行な直線の方程式を求める練習をしました。では，垂直な直線の方程式は求められないのでしょうか。直線が座標軸に平行ならば，話は簡単です。直線 $y = ●$ と直線 $x = ▲$ が垂直な関係にあるからです。ここではそれ以外で考えます。

　右の図のように，直線 $\ell : y = 3x$ を原点 O を中心に反時計回りに90°だけ回転移動させた直線 m の式を(1)(2)の順に求めます。点 B は直線 ℓ 上の点 A（1，3）が移動した点です。点 A，B からそれぞれ x 軸に垂線 AC，BD を下ろすとき，次の問に答えなさい。

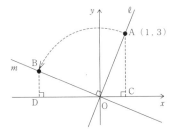

(1)　△ACO ≡ △ODB を証明しなさい。

(2)　点 B の座標を求め，直線 m の式を求めなさい。

(3)　$a \neq 0$ とする。直線 $y = ax + b$ に平行な直線の傾き $a' = \boxed{}$ である。一方で，

　　直線 $y = ax + b$ に垂直な直線の傾き $a'' = \boxed{}$ であるから，$a' \times a'' = \boxed{}$

　2年「三角形と四角形」で，直角三角形の合同条件を学べば使える課題です。しかし，2年「一次関数」との融合問題であるため，章末に使用することを想定してつくりました。融合問題ではありますが，直角三角形の合同を証明する問題で経験したい「2つの鋭角の和が直角」を利用する問題がベースにありますから，ぜひ解かせたい問題です。

授業展開 ··

S　え？　今日のプリント，図形問題の証明かと思ったら，関数ですか？

T　関数と図形の融合というのは，高校入試でも差のつくところです。平行な直線であるとき，2本の直線の傾きにはどのような関係があったか覚えていますか？

S　はい。2つの傾きは等しいんですよね。

T　その通りです。2本の直線が垂直なら成り立つ傾きの関係式があります。

S　これが直角三角形の合同と関係あるわけですね。

T　(1)で直角三角形の合同の証明をしましょう。

S　斜辺が等しいことはわかりましたが，そこから進みません。

T　$\angle$ OAC $= a$，$\angle$ AOC $= b$ とすると，$a + b$ は何度でしょう？

S　90°ですよ。あ，あれかー。$\angle$ BOD $+ b = 90°$ だから，$\angle$ BOD $= a$ だぞっと。

T　垂直な直線（座標軸に平行でない）では，いつもこのような2つの直角三角形がとれます。

S　ということは，垂直なときは，傾きの積が-1なんですね。覚えておこっと。

解答解説 ··

(1)　$\triangle$ ACO と$\triangle$ ODB について，

　　$\angle$ ACO $= \angle$ ODB $= 90°$　　　　…①

　　　AO $=$ BO　　　　　　　　…②

　　$\angle$ OAC $+ \angle$ AOC $= 90°$，

　　$\angle$ BOD $+ \angle$ AOC $= 90°$ なので，

　　$\angle$ OAC $= \angle$ BOD　　　　…③

　　①②③より，直角三角形で，斜辺と1つの鋭角がそれぞれ等しいから

　　$\triangle$ ACO $\equiv \triangle$ ODB（証明終）

(2)　OC $= 1$，CA $= 3$ である。

　　(1)より対応する辺の長さは等しいから，

　　BD $= 1$，DO $= 3$ である。

　　よって，点 B（-3，1）

　　ゆえに，直線 m の傾きは $-\dfrac{1}{3}$ であり，

　　その直線は原点を通るから，$y = -\dfrac{1}{3}x$

(3)　平行な直線の傾きは等しいから，$a' = a$

　　垂直な直線の傾きは(2)と同様，$a'' = -\dfrac{1}{a}$

　　垂直な2本の直線の傾きの積

　　$a' \times a'' = -1$

不思議なさいころの確率を求めよう

難易度 ★ ★ ★ ☆ ☆　　　　　組　　　番　（名前）

　さいころというと，立方体の面に1から6までの目が描かれていて，どの目が出ることも同様に確からしいものを思い浮かべますよね。誰かがいたずらして6の目を1の目に変えてあるさいころを持ち込んだようです。

(1)　1の目が2つ，2の目が1つ，3の目が1つ，4の目が1つ，5の目が1つの立方体のさいころが2つあります。この2つのさいころを投げるとき，出た目の和が6となる確率を求めなさい。

(2)　1の目が2つ，2の目が2つ，3の目が1つ，4の目が1つの立方体のさいころが2つあります。この2つのさいころを投げるとき，出た目の積が4となる確率を求めなさい。

(3)　3枚の100円硬貨を同時に投げて，表の出た枚数だけ賞金となるとき，賞金が200円となる確率を求めなさい。

　2年「確率」で，分母にする場合の数は「同様に確からしい」一つひとつのことがらを数えたものでないと，正しくならないことを感じてもらうための教材です。正常なさいころでは，何となくでも解けてしまいます。このように同じ数字の面が現れることで，そうはいきません。袋から取り出す問題で，同じ色の玉を区別する意識にもつながるでしょう。

授業展開 ⋯⋯⋯

S　(1)は，出た目の和が6なのは（1，5），（2，4），（3，3），（4，2），（5，1）で，$\frac{5}{36}$だと思います。

S　(1)は，出た目の和が6なのは（1，5），（2，4），（3，3），（4，2），（5，1）で，$\frac{5}{25}=\frac{1}{5}$だと思います。

T　残念。立方体の6つの面は減ってないので，6×6通りで考えます。6×6の表で考えるといいですね。そうすれば，1の目が出やすくなったことが確率に入っていきます。

S　同じものでも区別して考えないと，その出やすさが確率に入っていかないんですね。

解答解説 ⋯⋯

(1)　和が6となるのは下の表の通りで，$\frac{7}{36}$

(2)　積が4となるのは下の表の通りで，$\frac{8}{36}=\frac{2}{9}$

(3)　3枚の100円硬貨の出方は，次の8通りである。表をオ，裏をウで表すと，
　　（オ，オ，オ），（オ，オ，ウ），（オ，ウ，オ），（ウ，オ，オ），
　　（オ，ウ，ウ），（ウ，オ，ウ），（ウ，ウ，オ），（ウ，ウ，ウ）

　　このうち，賞金が200円となるのは3通りであるから，$\frac{3}{8}$　※$\frac{1}{4}$ではない。

(1)

	1	2	3	4	5	1
1					○	
2				○		
3			○			
4		○				
5	○					○
1					○	

(2)

	1	2	3	4	2	1
1				○		
2		○			○	
3						
4	○					○
2		○			○	
1				○		

2年 確率

年　　月　　日

いつ選ぶと当たりやすいか考えよう

| 難易度 ★ ★ ★ ☆ ☆ |　　　　　　組　　　　番 （名前）

　「先手必勝」ということばがあります。商店街で福引きをやっていると知り，始まってすぐにいって，回した方が当たりやすいでしょうか？　一方で，「残りものには福がある」と言われることもあります。どちらが正しいのか，どちらも迷信なのか考えましょう。

(1)　3個入りのレモン味の丸いガムがあります。2個は甘いですが，1個はとてもすっぱいです。Aさん，Bさん，Cさんの3人が順に選んで食べます。とてもすっぱいガムを食べる確率をそれぞれ求めなさい。3人のうち，その確率が最も高いのは誰でしょうか。

(2)　5枚入りのクッキーがあります。3枚は甘いですが，2枚はとても辛いです。Aさん，Bさんの2人が順に選んで食べます。とても辛いクッキーを食べる確率をそれぞれ求めなさい。どちらの確率の方が高いでしょうか。

使用場面

導 入　内 容　章 末

　2年「確率」を一通り学び終えた後で，チャレンジしたい問題です。条件つき確率をまだ学んでいないので，樹形図で検討します。くじ引きではなく，ロシアンルーレットにしたことで，生徒の興味を引きやすいかと思います。すっぱいガムは有名な駄菓子で，動画サイトでもこれを食べているところを上げられたりしています。

授業展開

T　何番目にガムを選んだら，とてもすっぱいのを食べずに済むでしょうか？

S　やっぱり先に引いた方がいいんじゃないかな。まだ甘いのが2個あるんだもん。

T　最初に選んだAさんがとてもすっぱいのを持っていってくれたら，その後は安全です。

S　たしかにそうですけど…。確率は全員一緒なんですね。これからは慌てずに選ぼ。

解答解説

(1)　とてもすっぱいガムを食べる確率は，Aさんは $\frac{1}{3}$，Bさんは $\frac{2}{6}=\frac{1}{3}$，Cさんは $\frac{2}{6}=\frac{1}{3}$ となり，何番目に選んでも確率は同じである。

(2)　とても辛いクッキーを食べる確率は，Aさんは $\frac{2}{5}$，Bさんは $\frac{8}{20}=\frac{2}{5}$ となり，何番目に選んでも確率は同じである。

(1) 2つの甘いガムをあ1，あ2
　　とてもすっぱいガムをすと表す。

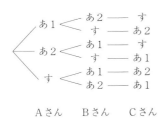

　　　　　　Aさん　　Bさん　　Cさん

(2) 3枚の甘いクッキーをあ1，あ2，あ3
　　2枚のとても辛いクッキーをか1，か2と表す。

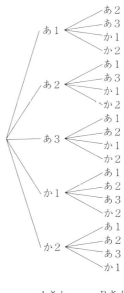

　　　　　　　Aさん　　　　Bさん

日本一暑い町はどこか検証しよう

難易度　★　★　★　☆　☆　　　　　　　　組　　　　番　（名前）

　　最高気温が40度を超えたことがある町は複数ありますが，埼玉県熊谷市(くまがや)や群馬県館林市(たてばやし)は，どちらも日本一暑い町に名乗りを上げています。2016年8月1日〜20日の最高気温データを使って，どちらがその称号にふさわしいか検証してみよう。

　　次の表は，群馬県館林市と沖縄県那覇市の，2016年8月1日〜20日の最高気温のデータです（気象庁HP　http://www.data.jma.go.jp/obd/stats/etrn/index.php より）。
　　次の問に答えなさい。

8月	1日	2日	3日	4日	5日	6日	7日	8日	9日	10日
館林市	35	34	33	36	37	37	36	35	37	36
那覇市	34	34	33	31	30	31	28	32	33	32

11日	12日	13日	14日	15日	16日	17日	18日	19日	20日
33	34	33	30	29	34	40	29	35	28
33	33	33	33	33	33	33	33	34	33

(1)　上記の館林市と那覇市のデータについて，下の表を埋めなさい。

	第1四分位数	第2四分位数	第3四分位数	四分位範囲	平均値
館林市					
那覇市					

(2)　下の箱ひげ図は，埼玉県熊谷市の2016年8月1日〜20日の最高気温のデータを表しています。(1)の結果を用いて，館林市と那覇市の箱ひげ図を加えなさい。

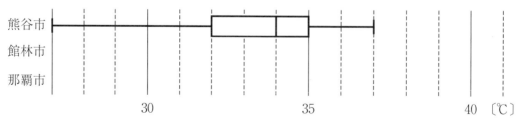

(3)　(2)の箱ひげ図で，最高気温を比べることで，この期間では日本一暑い町はどちらがふさわしいと言えるか検証しなさい。

使用場面 .... 導 入   内 容   章 末

　2年「データの散らばりと箱ひげ図」の学習の中で，箱ひげ図を作成し，データを比べる例として使用できます。「日本一暑い町」は，最近ホットな話題です。この他にも岐阜県多治見市や高知県四万十市が名乗りを上げています。この作業を通じて，箱やひげの幅がせまければその範囲に多くのデータが集まっていることなど実感させられるでしょう。

授業展開 ....

S　箱ひげ図って，難しそうだよね。棒グラフでよくない？

T　難しそうなのをサラッと扱えたら格好よくない？　今日は箱ひげ図をマスターしよう。

S　「日本一暑い町」ってテレビで観たよ。熊谷なの？　那覇も負けてないんじゃ？

T　2016年の夏休み中のデータをもってきました。(1)の表を埋めてみましょう。

S　先生，第1四分位数と第3四分位数では，どっちが値が大きいんでしたっけ？

T　おいおい。教科書で調べな。箱ひげ図までかけている人もいますね。

S　館林が余裕で勝ち！　箱が小さいところにはデータがギュッと集中しているんですね。

解答解説 ....

(1)

	第1四分位数	第2四分位数	第3四分位数	四分位範囲	平均値
館林市	33	34.5	36	3	34.05
那覇市	32	33	33	1	32.45

(2)
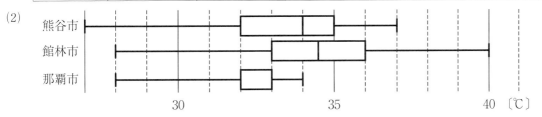

(3)　最小値，第1四分位数，第2四分位数，第3四分位数，最大値すべてで，熊谷市よりも館林市の方が上回っており，この期間では館林市の方がふさわしい。那覇市は，この図から25×3＝75％のデータが32〜34℃に集中していると読み取れる。

（参考）埼玉県熊谷市2016年8月1日〜20日の最高気温のデータ

（気象庁 HP　http://www.data.jma.go.jp/obd/stats/etrn/index.php より）

8月	1日	2日	3日	4日	5日	6日	7日	8日	9日	10日
熊谷市	35	34	33	35	36	37	35	35	37	35

	11日	12日	13日	14日	15日	16日	17日	18日	19日	20日
	32	33	32	30	27	33	37	29	34	28

306×306を工夫して計算しよう

難易度 ★ ★ ☆ ☆ ☆ 　　　　　　組　　　番（名前）

　1辺が306m の正方形の面積を求めよう。その面積は，306×306で計算されます。そのまま計算してもよいですが，乗法公式を利用して，計算してみましょう。

(1) 以下の式は，乗法公式の一つです。空らんを正しく埋めましょう。

$$(a + b)^2 = \boxed{} \quad \cdots ①$$

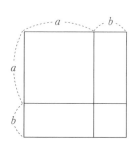

(2) 乗法公式①を利用して，306×306を計算しましょう。

(3) 乗法公式①を利用して，11^2, 12^2, 13^2, …, 19^2を順に計算しましょう。

$11^2 = (10 + 1)^2 =$ 　　　　　　　　　　　$16^2 =$

$12^2 = (10 + 2)^2 = 100 + 40 + 4 = 144$ 　　$17^2 =$

$13^2 =$ 　　　　　　　　　　　　　　　　　$18^2 =$

$14^2 =$ 　　　　　　　　　　　　　　　　　$19^2 =$

$15^2 =$

(4) $(a + b + c)^2$を展開するための公式をつくりましょう。

使用場面 ....

　３年「多項式」の応用例として行いたい問題です。$(a + b)^2$の展開は$a^2 + b^2$であると考えられる傾向があります。正方形の面積図を思い浮かべることで，$(a + b)^2 = a^2 + 2ab + b^2$であることがたしかになると思います。また，$11^2 \sim 19^2$の計算結果は，三平方の定理で長さを求める際に重宝します。$(a + b + c)^2$は上級な公式ですが，面積図で楽しく求めましょう。

授業展開 ....

S　306×306の計算…筆算はそんなに大変じゃないですけど。

T　教科書でも乗法公式で計算の工夫をする問題があったよね。それを使ってみよう。

S　306×306＝306^2＝$(300 + 6)^2$って考えるヤツですか。かえってこっちの方が面倒。

T　まあそう言わずに。慣れれば暗算するのに便利だったりするよ。$(a + b)^2$の公式は？

S　二乗を分配するから，$a^2 + b^2$じゃないんですか？

T　そうだったっけ？　正方形の面積図を見てくれ。$a^2 + b^2$だけじゃないね。

S　$a × b$が２つ…$2ab$もあるのか。やっぱり面倒！　でもこの面積図はわかりやすいかも。

T　だから，306^2も計算すると，300や6の二乗だけじゃなくて…

S　1800も２つ現れる。なるほどね。90000＋3600＋36＝93636だ。

T　今後数学の問題を速く解くのに，$11^2 \sim 19^2$は覚えておくといいよと言う人もいる。

S　えー。じゃあ，この面積図を思い浮かべて計算してみよっと。

T　$17^2 = (10 + 7)^2 = 100 + 140 + 49 = 289$　ニーパーキューですね。

S　ニーパーキュー（笑）面積図で考えれば，17^2がニーパーキューなのも覚えられそう。

T　最後に，(4)で$(a + b + c)^2$の公式もつくってみよう。9つに区切られた面積図が登場。

S　うわー大変そう。$a^2 + b^2 + c^2$だけじゃないんですね。

T　この公式は，覚えておくと入試や高校でも役に立ちます。忘れたら面積図で思い出して。

解答解説 ....

(1)　$(a + b)^2 = a^2 + 2ab + b^2$

(2)　$306^2 = (300 + 6)^2 = 90000 + 3600 + 36 = 93636$

(3)　$11^2 = (10 + 1)^2 = 100 + 20 + 1 = 121$　　　$16^2 = (10 + 6)^2 = 100 + 120 + 36 = 256$

　　　$12^2 = (10 + 2)^2 = 100 + 40 + 4 = 144$　　　$17^2 = (10 + 7)^2 = 100 + 140 + 49 = 289$

　　　$13^2 = (10 + 3)^2 = 100 + 60 + 9 = 169$　　　$18^2 = (10 + 8)^2 = 100 + 160 + 64 = 324$

　　　$14^2 = (10 + 4)^2 = 100 + 80 + 16 = 196$　　　$19^2 = (10 + 9)^2 = 100 + 180 + 81 = 361$

　　　$15^2 = (10 + 5)^2 = 100 + 100 + 25 = 225$

(4)　$(a + b + c)^2 = a^2 + b^2 + c^2 + 2ab + 2bc + 2ca$

道路用地の広さを求めよう

難易度 ★ ★ ★ ★ ☆　　　　　　　組　　　番 （名前）

　　円形の土地に野球ドームがあります。その土地の周囲をぴったり囲んで道路をつくる予定が
あります。道路用地に一定の厚みのアスファルトを敷きます。道路をつくるのに，その材料が
どのくらい必要か求めようと思っています。

(1)　Aドームのある円形の土地の半径は70m です。
　　幅6mの道路をつくるときに，その面積を求めなさい。

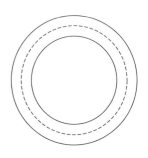

(2)　Aドームの周りの道路の長さ（道路の中央を通る点線の長さ）を求めて(1)の結果と比べま
　　しょう。

(3)　Bドームのある円形の土地の半径は r m です。その周囲をぴったり囲んで幅6mの道路
　　を ℓ m （図の点線の長さ）つくるとき，道路の面積 S m^{2}は $S = 6\ell$ で計算できることを説
　　明しましょう。

(4)　Cドームのある円形の土地の周囲をぴったり囲んで幅 w m の道路を ℓ m （図の点線の長
　　さ）つくります。その道路用地に厚み t cmのアスファルトを敷くとき，アスファルトは V m^3
　　必要になります。V を w，ℓ，t の式で表しましょう。

　3年「多項式」の応用例として行いたい問題です。(3)は教科書や傍用問題集によくある問題ですが，意外と出来が悪いです。出来が悪い理由として考えられるのは，問題形式が等式の証明であり，この時点では不慣れなことが挙げられます。(1)(2)の中1レベルの例から入ることで，理解しやすく工夫してあります。(4)は文字の種類が多く大変です。

授業展開 ---

S　(1)の問題では，76×76−70×70を計算しないといけない。大変だなあ。

T　$76^2 = (70 + 6)^2$と見れば，ここから70^2をひくのだから，少し計算が楽になるね。

S　ホントだ。なるほどね。(2)では点線の長さを出して，何の意味があるというのさ。

T　点線の長さは求められたかな？　(1)の結果と比べてごらん。

S　146π m と876π m^{2}ですか？　うーん。差がとかですか？

T　ひいちゃうかー。長さから面積をひくのはどうかな。何倍でしょうか？

S　$146\pi \times 6 = 876\pi$だ！　6倍ですね。

T　この6は何だろう？

S　道幅ですか。(道路の長さ)×(道幅)＝(面積) なんですね。

T　これは半径70m の土地のAドームだけの話じゃない。どんな半径の土地でも成り立つ。

S　へー。それが(3)の問題ってわけですか。

T　そうだね。(3)を解いてみて。

S　うまくいきました。でも(4)とか無理！　文字いっぱいあるし，半径わかんないし。

T　(3)の結果に r が入ってないってことは，道路の面積に土地の半径は関係ないってこと。

S　え？　じゃあ，(3)のことを(4)で使っていいんですか？

T　当然いいですよ。ただし，m やcmの単位が混ざっているから注意してね。

解答解説 ---

(1)　道路用地の面積は，$(70 + 6)^2\pi - 70^2\pi = (2 \times 70 \times 6 + 6^2)\pi = 876\pi$ m^2

(2)　道路中央の点線の長さは，$2 \times (70 + 3)\pi = 146\pi$ m

　　　876πは146πの6倍である。(道路の長さ)×(道幅)＝(面積) が成り立つ。

(3)　道路用地の面積 S m^{2}は，$S = (r + 6)^2\pi - r^2\pi = 12\pi r + 36\pi$　…①

　　　道路中央の点線の長さ ℓ m は，$\ell = 2\pi(r + 3) = 2\pi r + 6\pi$ であり，

　　　$6\ell = 6(2\pi r + 6\pi) = 12\pi r + 36\pi$　…②　　①②により，$S = 6\ell$ が成り立つ。

(4)　Cドームの土地の半径はわからないが，(3)で得た公式から道路用地の面積 $S = w\ell$，アスファルトの体積 V m^{3}は，$V = S \times \dfrac{t}{100}$ であるから，$V = \dfrac{w\ell t}{100}$

コピー機の倍率について調べよう

難易度 ★ ★ ★ ★ ☆　　　　　　　　組　　　番（名前）

　　A君は時々コンビニエンスストアのコピー機を使います。A君は「141％拡大」というボタンがタッチパネルの中にあることに気づきました。押してからコピーしたら，ノートの1ページの原稿が，ノート2ページ分の大きさに拡大されて出てきたのです。

(1)　1.41を二乗したときの値を求めなさい。また，この答えから，「141％拡大」の操作でノートの何が141％拡大されたかを考えてみましょう。

(2)　「173％拡大」という操作があるなら，ノートの1ページの原稿は，ノート何ページ分の大きさに拡大されるでしょうか。

(3)　ノートの1ページの原稿を，ノート5ページ分の大きさに拡大したい。何％拡大とすればよいでしょうか。

(4)　ノートの1ページの原稿を，ノート（　　　　　）ページ分の大きさに拡大したい。何％拡大とすればよいでしょうか。自由にカッコを埋めて，この問いに答えましょう。

　3年「平方根」の導入で利用できます。また，教科書の導入を使った後に，より身近な例として紹介するのも効果的です。実際に自分の手で計算させることで，ルートの近似値を身近に感じることができます。また，最後の(4)では，自由に値を代入して計算してもらいます。その問と答えを発表させます。友だちの考えが刺激を与えてくれるでしょう。

授業展開

T　(1)〜(3)では，ちょっと大変だけど，電卓を使わずに自分の手で計算しよう。

S　(2)はちょうど3とならないのですが，3ページ分と決めつけていいですか？

T　どうでしょうか？　どなたか意見ありますか？

S　(1)でもちょうど2にならなかったからいいと思う。

T　たしかにそうですね。

S　173の3けただからしょうがない。もっとけたを増やせばいい。

T　3に答えを近づけたいならば，そうするといいですね。

T　(4)はどうしましたか？

S　4ページ分の大きさにしたいと問題設定しました。

T　どうなりましたか？

S　200%

S　ずるーい。

T　実際，200%とすると面積が4倍になりますね。もうちょっと半端な数になった人？

S　244%になりました。

T　お？　カッコをいくつに設定したのかな？

S　わかった！　6だ。

T　正解。$\sqrt{6} \fallingdotseq 2.44$，$\sqrt{5} \fallingdotseq 2.23$，$\sqrt{4} = 2$，$\sqrt{3} \fallingdotseq 1.73$，$\sqrt{2} \fallingdotseq 1.41$なんですね。この値は有名なので，覚えておくと今後の役に立ちます。教科書には覚え方も載っていますね。

解答解説

(1)　$1.41 \times 1.41 = 1.9881$　　ノートのたての長さと横の長さが141%拡大となった。

(2)　$1.73 \times 1.73 = 2.9929$　　ノート3ページ分の大きさになる。

(3)　$2.21 \times 2.21 = 4.8841$，$2.22 \times 2.22 = 4.9284$

　　　$2.23 \times 2.23 = 4.9729$，$2.24 \times 2.24 = 5.0176$　であり，223%拡大。

(4)　例：10倍の大きさにするには，$3.16 \times 3.16 = 9.9856$より，316%

$\sqrt{n}$ を $a\sqrt{b}$ の形に変えよう！　アタック25

難易度　★　★　★　☆　☆　　　　　組　　　番（名前）

　根号のついた数の計算では，根号の中の数（$a\sqrt{b}$ の b）はできるだけ小さい自然数にしておく必要があります。これから数学を学習する中で，この変形は計算問題だけでなく，図形問題を解くときにも瞬時にできないといけません。よく練習しましょう。

(1)　左の表にある自然数 n を，右の表では正の平方根 $\sqrt{n}$ で表しましょう。

　　ただし，$\sqrt{50} = 5\sqrt{2}$ のように，根号の中の数はできるだけ小さい自然数にします。

1	2	3	4	5
6	7	8	9	10
11	12	13	14	15
16	17	18	19	20
21	22	23	24	25

➡

				$\sqrt{15}$
				$2\sqrt{5}$
				5

(2)　左の表にある自然数 n を，右の表では正の平方根 $\sqrt{n}$ で表しましょう。

　　ただし，$\sqrt{50} = 5\sqrt{2}$ のように，根号の中の数はできるだけ小さい自然数にします。

51	52	53	54	55
56	57	58	59	60
61	62	63	64	65
66	67	68	69	70
71	72	73	74	75

➡

(3)　$\sqrt{n}$ を $a\sqrt{b}$ の形に変えるとき，早く正確にできるように工夫していることを書きましょう。また，友だちとその工夫を共有しましょう。

　3年「平方根」で計算の導入や，計算に慣れてきたころに利用します。これ以降の学習では，二次方程式や三平方の定理など答えを書くときに，$\sqrt{n}$ を $a\sqrt{b}$ の形に変えます。早く正確にできるまでくり返し練習させたいですね。少しアレンジし，ビンゴとしてもおもしろいです。

授業展開

S　左の表の数にルートをつけて，右の表に書けばいいんですね。できました。

T　ちょっと待って。1は $\sqrt{1}$ にしてそのままかい？　$\sqrt{4}$ は2にしたのに？

S　本当だ。$\sqrt{1}=1$ なんですね。

T　いいところまでいっているんだけどな。$\sqrt{8}$ もそのまま？　$\sqrt{12}$ は $4\sqrt{3}$ かな？

S　あらら。$\sqrt{8}=2\sqrt{2}$ ですね。えーと，$\sqrt{12}=2\sqrt{3}$ か。意外と合わないなあ。

T　(1)の残りはできていますね。1，2，3，4，5と段々に増えていくでしょう？

S　よかった。そうですね。じゃあ，$\sqrt{10}$ から $\sqrt{15}$ までは，3.…の数ってことですか？

T　その通り！　$\sqrt{3}$ は約1.7なので，実際に $\sqrt{12}=2\sqrt{3}\fallingdotseq3.4$ ですね。

S　今さら当たり前って言われそうですけど，$2\sqrt{3}$ って $2\times\sqrt{3}$ のことなんですね。

T　(2)では，(1)のように同じ位置に答えなくていいです。一番左上に $\sqrt{70}$ がきてもいい。

S　え？　どういうことですか？

T　ルートをつけて，ビンゴ大会をします！　根号をつけた数をシャッフルして書いてね。

S　なんだかおもしろそう。…一列つながるように数を順に言っていくのね。$3\sqrt{6}$ ！

T　OK！　$3\sqrt{6}$ にマル印を！　正しくないルートのつけ方をしたのは認めませんよー。

解答解説

(1)

1	$\sqrt{2}$	$\sqrt{3}$	2	$\sqrt{5}$
$\sqrt{6}$	$\sqrt{7}$	$2\sqrt{2}$	3	$\sqrt{10}$
$\sqrt{11}$	$2\sqrt{3}$	$\sqrt{13}$	$\sqrt{14}$	$\sqrt{15}$
4	$\sqrt{17}$	$3\sqrt{2}$	$\sqrt{19}$	$2\sqrt{5}$
$\sqrt{21}$	$\sqrt{22}$	$\sqrt{23}$	$2\sqrt{6}$	5

(2)

$\sqrt{51}$	$2\sqrt{13}$	$\sqrt{53}$	$3\sqrt{6}$	$\sqrt{55}$
$\sqrt{56}$	$\sqrt{57}$	$\sqrt{58}$	$\sqrt{59}$	$2\sqrt{15}$
$\sqrt{61}$	$\sqrt{62}$	$3\sqrt{7}$	8	$\sqrt{65}$
$\sqrt{66}$	$\sqrt{67}$	$2\sqrt{17}$	$\sqrt{69}$	$\sqrt{70}$
$\sqrt{71}$	$6\sqrt{2}$	$\sqrt{73}$	$\sqrt{74}$	$5\sqrt{3}$

(3)　例：$\sqrt{n}$ の n を素因数分解するときほど細かく分解しない。n が平方数の4や9でわりきれるのならば，それぞれ2や3として根号の左に出す。

年　月　日

$\sqrt{}$ のミルフィーユ計算に挑戦しよう

難易度　★ ★ ★ ★ ★ 　　　　組　　　番（名前）

　　ミルフィーユとは，パイ生地とクリームを何層にも重ねてあるお菓子です。ルートの記号がたくさん重なっている様子から，次のような計算を，ルートのミルフィーユ計算と呼んでいます。

$$\sqrt{30\sqrt{31\sqrt{32\sqrt{33\sqrt{34\times36+1}+1}+1}+1}+1}\text{を計算しなさい。}$$

(1)　次の計算をしなさい。
　①　$\sqrt{5\times7+1}$ 　　　　②　$\sqrt{8\times10+1}$ 　　　　③　$\sqrt{34\times36+1}$

(2)　(1)の計算から，どんなことが予想されますか。また，それを証明しましょう。

(3)　$\sqrt{33\sqrt{34\times36+1}+1}$ を計算しなさい。また，はじめの問に答えなさい。

　3年「平方根」と「多項式」の融合問題です。3年「平方根」の章末にチャレンジ問題として，みんなでわいわい解決に導きたいですね。最終的には，ルートのミルフィーユ計算では，一番内側から順に計算すればよいことに気づけばよいのですが，3年生にとってはそれも難しいところです。予想→証明→解決と流れるように，(1)(2)(3)の順に誘導をつけました。

授業展開 ∙∙

S　何これ？　ルートのおばけみたいなの。こんなの習っていないし！

T　まあまあ，落ち着いて。では，はじめに(1)の計算をしてみよう。

S　(1)の①は簡単だね。$\sqrt{5 \times 7 + 1} = \sqrt{36}$だから，±6です。

T　ちょ，ちょっと待った。36の平方根は±6だけど，それは±$\sqrt{36}$とも表せるのだから…

S　あ，そっか。$\sqrt{36} = 6$だね。細かいこと言わないでよ。

T　いやいや，大きな違いだから。よくやるミスだから気をつけてよ。

S　OK。(2)の予想は「2つ違いの整数をかけ合わせ1たしてルートすると整数になる」

T　もうちょっと踏み込めるかな？　どんな整数になる？

S　ん？　あー，2つ違いの整数の間の整数になっているんだ。証明…できるかな…。

T　「ルートする」というよりも「〜の平方根のうち正の方」の方がカッコいいな。

S　$\sqrt{n(n+2)+1} = \sqrt{n^2+2n+1} = \sqrt{(n+1)^2} = n+1$かな。あー，本当に間にある整数になった。

T　(3)でいよいよラスボス登場。パズルゲームをクリアしたような爽快感が味わえるよ。

解答解説 ∙∙

(1)　①　$\sqrt{5 \times 7 + 1} = \sqrt{36} = 6$

　　　②　$\sqrt{8 \times 10 + 1} = \sqrt{81} = 9$

　　　③　$\sqrt{34 \times 36 + 1} = \sqrt{1225} = 35$

(2)　予想：正の整数nをはさむ2つの整数の積に1をたした数の平方根のうち正の方は，nである。

　　　証明：正の整数nをはさむ2つの整数は$n-1$，$n+1$であるから，

$$\sqrt{(n-1)(n+1)+1} = \sqrt{(n^2-1)+1} = \sqrt{n^2} = n$$

　　　よって，予想は正しいことが証明された。

③　$\sqrt{33\sqrt{34 \times 36 + 1} + 1} = \sqrt{33 \times 35 + 1} = 34$であり，(2)で証明したことがらをルートの一番内側からくり返し用いれば，

$$\sqrt{30\sqrt{31\sqrt{32\sqrt{33\sqrt{34 \times 36 + 1} + 1} + 1} + 1} + 1} = \sqrt{30 \times 32 + 1} = 31$$

方程式の意味を思い出そう

難易度　★　★　★　☆　☆　　　　　　　組　　　番　（名前）

　方程式と 1 年のころからかかわってきました。これから「二次方程式」について学びます。これまでどのような方程式があったか復習しよう。また，方程式とは何かという基本に立ち返り，それを解くことについて考えてみよう。

(1)　ことば「方程式」「解」について説明しなさい。

(2)　次の方程式を解きなさい。また，求めた解が正しいかどうかたしかめましょう。

　(a)　$2x + 1 = 2 - 4x$

　(b)　$\begin{cases} 11x - 22y = 55 & \cdots ① \\ 7x + 9y = -11 & \cdots ② \end{cases}$

(3)　次の方程式の解を予想しましょう。

　(a)　$2x^4 + x^3 = 2x^2 + x$

　(b)　$0 \times x = 1$

　3年「二次方程式」の導入として使用できます。1年で定義した用語「方程式」をふりかえり，一次方程式や連立方程式の解法を復習します。また，二次以上の方程式で「解く」とは，等式を満たすすべての値を見つけることや，方程式には解がないときもあることを活動を通して知ることができます。

授業展開 ···

S　(2)の(a)は $x = 2$ として，間違いました。(b)なんて途中で挫折しました。やばい。

T　$x = 2$ はよくあるミスです。注意。(b)は…何かよい解き方を思いついた人？

S　はい。①の両辺をまず11でわるといいと思います。

T　小数や分数を含むときに，両辺を何倍かしますね。両辺を何かでわるのも有効です。

S　(3)の(a)は，代入して等号が成り立つ値として $x = 0$，1，-1 は見つかりました。

T　中世のヨーロッパでは，数学者同士が難しい方程式を出し合う試合があったという。

S　えー！　それ，ちょっと見てみたいなあ。…$x = -0.5$ も見つけました！

T　それで全部です。「方程式を解く」とは，すべての解を見つけることです。ここから，「これらがすべての解です。この他にはありません」と言える解き方を学んでいきます。

S　(3)の(b)は，何の値を代入してもイコールが成り立ちません。

T　「解なし」です。$ax = b$ の両辺を a でわって解が定まるのは，$a \neq 0$ のときなのです。

解答解説 ···

(1)　「方程式」とは，式の中の文字に代入する値によって，成り立ったり，成り立たなかったりする等式のこと。「解」とは，方程式を成り立たせる文字の値のこと。

(2)　(a)　$2x + 1 = 2 - 4x$

$$6x = 1$$

$$x = \frac{1}{6}$$

代入すると，左辺も右辺も

$\frac{4}{3}$ となり，これは解である。

(b)　$\begin{cases} 11x - 22y = 55 & \cdots① \\ 7x + 9y = -11 & \cdots② \end{cases}$

①の両辺を11でわって $x - 2y = 5 \cdots③$

$$\begin{array}{r} 7x - 14y = 35 \quad ③\times 7 \\ -)\ 7x + 9y = -11 \quad ② \\ \hline -23y = 46 \quad ゆえに，y = -2 \end{array}$$

③に代入して，$x = 1$，$y = -2$

代入すると，①の右辺は55，②の右辺は -11 となり，これらは解である。

(3)　(a)　$x = 0$，± 1，$-\dfrac{1}{2}$　（代入することで見つける）

　　(b)　等式を満たす x の値はない（解なし）

和と積から2つの数を求めよう

難易度　★ ★ ★ ★ ☆　　　　　　　　組　　　番（名前）

　　2つの数があって，それらの和と積だけがわかっているとき，もとの2つの数を求める問題
について考えてみよう。トランプを使って，テンポよく求めていくうちに，解の和と積につい
て，もとの二次方程式と結びつきがあることに気がつけるかな？

(1)　2つの数があります。その和が5で，積が3です。2つの数を求めなさい。
　　また，答えの和と積を計算し，それが正しい答えであることを確かめなさい。

(2)　トランプで2つの数の和と積を決めて，2つの数を求めましょう。まず，黒い札と赤い札
　　に分けます。黒と赤の札の束それぞれから1枚ずつ引きます。黒い札の数を和，赤い札の数
　　を積として，2つの数を求めなさい。ただし，Aは1，Jは11，Qは12，Kは13とします。

(3)　2つの数の和と積がわかっていて，もとの2つの数を求める二次方程式を立てるとき，そ
　　の係数はどのような数になっているか予想しましょう。また，その予想の正しさを証明しま
　　しょう。

　　3年「二次方程式」の終わりに，二次方程式を解く練習として使えます，また，トランプでテンポよく計算させることで，生徒からの発信で「解と係数の関係」が出てくることも期待できます。(2)では，偶発的に「根号の中が負のときには解なし」という話にもつながります。(1)ではウォーミングアップついでに，平方根の計算の復習にもなります。

授業展開 ───

T　(1)でウォーミングアップはできたかな？　今日はトランプを持ってきました。

S　さあ，どんな数でもドンとこい。

T　クローバーのK（キング），ハートのQ（クイーン）です。

S　うげ。和が13で，積が12の2つの数か…これは簡単！　2つの数は1と12だ。

T　正解！　では次です。スペードの3とダイヤの7です。

S　これは，すぐは求まらないな。解の公式を使ったら$\sqrt{}$の中が負になりました。

T　二乗して負になる数直線上の数はないので，「解なし」なのです。

S　解いた甲斐なしだよ（笑）

　　（もう2，3問のやり取りの後に…）

T　ここまで和と積から二次方程式を立ててきたけど，何か気づいたことはないかな？

S　途中からx^2-和$x+$積$=0$に気づいて，それで解いていました。なぜこれでいいの？

解答解説 ───

(1)　和が5であることから，2つの数はx，$5-x$とおける。

　　　積が3であることから，　$x(5-x)=3$　$x^2-5x+3=0$　ゆえに，$x=\dfrac{5\pm\sqrt{13}}{2}$

　　　これらは問題に適している。　　　　　　　　　　　　　答　$\dfrac{5+\sqrt{13}}{2}$，$\dfrac{5-\sqrt{13}}{2}$

　　　和は，$\dfrac{5+\sqrt{13}}{2}+\dfrac{5-\sqrt{13}}{2}=\dfrac{10}{2}=5$，積は，$\dfrac{5+\sqrt{13}}{2}\times\dfrac{5-\sqrt{13}}{2}=\dfrac{25-13}{4}=3$

(2)　例：和13，積12のとき，方程式$x^2-13x+12=0$となり，2つの数は1，12

　　　例：和3，積7のとき，方程式$x^2-3x+7=0$となり，解なし（$\sqrt{}$の中が負）

　　　例：和5，積5のとき，方程式$x^2-5x+5=0$となり，2つの数は$\dfrac{5\pm\sqrt{5}}{2}$

(3)　予想：x^2-和$x+$積$=0$になっている。

　　　（証明）2つの数をp，qとすると，これを解とする二次方程式として，$(x-p)(x-q)$　$=0$が考えられる。左辺を展開し，$x^2-(p+q)x+pq=0$となるので，予想は正しい。

誕生日で解の公式の練習をしよう

難易度 ★ ★ ★ ☆ ☆ 　　　　　　　　組　　　番　（名前）

　　解の公式について学習しました。公式に係数を代入して終わりとは限らないのです。公式の真ん中にあるプラスマイナスについて計算するものや，約分をしないといけない場合もあります。解の公式のプロフェッショナルへと成長しよう。

(1)　二次方程式の解の公式を記述しましょう。また，次の方程式を解の公式で解きなさい。

二次方程式 □ の解は，□ である。

①　$5x^2 - 7x + 1 = 0$　　　　②　$3x^2 + x - 4 = 0$　　　　③　$x^2 - 6x + 2 = 0$

(2)　あなたの誕生日は何月何日ですか。それを m 月 d 日として，二次方程式 $x^2 + mx - d = 0$ を解きなさい。

(3)　解の公式で求めた解が2で約分できるときは，どのような二次方程式ですか。
　　　2で約分済みの公式をつくることはできないでしょうか。

　3年「二次方程式」で解の公式を学習し，一通り演習を終えたとき，解の公式のまとめとして使えます。(2)では「解なし」が出てこないように，係数を工夫してあります。「解なし」を扱いたければ，プリント「和と積から2つの数を求めよう」(p.88) を使うとよいです。(3)で塾では扱うであろう「解の公式［2］」の紹介を目指しています。

授業展開

S　先生，(1)②できました。$x = \dfrac{-1 \pm 7}{6}$ ですね。

T　よくあるミスですね。ルートの入っていない解になったら，そこから計算してください。

S　いっけね。じゃあ③も約分してくれとか言う？

T　言いますね。前回の授業をわかっているじゃないですか。

S　誕生日6月26日なんだけど…超大変。$x^2 + 6x - 26 = 0$ を解いて…。

T　それでは，自分の誕生日係数の方程式を，隣の人に解いてもらいます。スタート！

S　よっしゃ，俺の勝ち！…先生，(3)は真ん中が偶数のときだと思います。

T　真ん中というのは，x の係数ということですね。正解です。

S　公式使ったのに，さらに約分しろなんてひどくない？　約分済みの公式とかないの？

T　ありますよ（(3)の答え参照）。

S　約分済みの公式で $x^2 + 6x - 26 = 0$ も $x = -3 \pm \sqrt{9 + 26} = -3 \pm \sqrt{35}$…簡単に解けた！

解答解説

(1)　二次方程式 $ax^2 + bx + c = 0$ の解は，$x = \dfrac{-b \pm \sqrt{b^2 - 4ac}}{2a}$ である。

①　$5x^2 - 7x + 1 = 0$ 　　②　$3x^2 + x - 4 = 0$ 　　③　$x^2 - 6x + 2 = 0$

$$x = \frac{7 \pm \sqrt{29}}{10} \qquad\qquad x = \frac{-1 \pm 7}{6} \qquad\qquad x = \frac{6 \pm 2\sqrt{7}}{2}$$

$$x = 1, \ -\frac{4}{3} \qquad\qquad x = 3 \pm \sqrt{7}$$

(2)　例：4月17日生まれ　方程式 $x^2 + 4x - 17 = 0$ を解いて，$x = \dfrac{-4 \pm 2\sqrt{21}}{2} = -2 \pm \sqrt{21}$

(3)　x の係数が偶数のとき，解の公式で求めた解は約分できる。x の係数を b の代わりに $2b'$

で表すと，$x = \dfrac{-2b' \pm \sqrt{4b'^2 - 4ac}}{2a} = \dfrac{-2b' \pm 2\sqrt{b'^2 - ac}}{2a} = \dfrac{-b' \pm \sqrt{b'^2 - ac}}{a}$ （約分済み）

月面でジャンプしたらどんなだろう

難易度　★　★　☆　☆　☆　　　　　　　　組　　　番（名前）_____

　関数 $y = ax^2$ で表せる２つの量は，身近なことがらから見つけることができます。調べてみましょう。物体を投げたり，落としたりすることの中にも見つけられます。ここでは，地球上の物体の運動と，月面での物体の運動を比べてみましょう。

(1)　底面の半径が $x$cm，高さが６cmの円錐の体積を $y$cm³とするとき，y は x の二乗に比例します。そのときの比例定数を言いなさい。ただし，円周率は π とします。

(2)　毎秒 xm の速さで真上に物を投げるとき，物の到達する高さを ym とすると，y は x の二乗に比例し，右の表はそのときの比例定数です。

地球の表面	月面
$\dfrac{1}{20}$	$\dfrac{3}{10}$

①　地球の表面で毎秒２m の速さで真上に物を投げると，それは何cmの高さまで到達しますか。

②　地球の表面で真上に80cm跳び上がることができる人は，月面では何 m 跳び上がることができますか。

3年「関数 $y = ax^2$」の利用の演習問題として使用できます。物体の落下や車のブレーキに関する話題など，いろいろと取り上げることができますが，物体の投げ上げで，地球と月を比べたものはあまり見ません。(1)では，円錐の体積の求め方の復習と同時に「比例定数」ということばを忘れていないかも確認できるでしょう。

授業展開 ⋯⋯⋯⋯⋯⋯⋯⋯⋯⋯⋯⋯⋯⋯⋯⋯⋯⋯⋯⋯⋯⋯⋯⋯⋯⋯⋯⋯⋯⋯⋯⋯⋯⋯⋯⋯⋯⋯⋯

S　(1)は簡単ですね。比例定数は 6π です。

T　あれあれ？　何か忘れていませんか？

S　あ，3でわるのを忘れていた。円錐だもんね。比例定数は 2π です。

T　正解。比例定数が何だったか復習できたところで，(2)に取り組んでみましょう。

S　①の答えは5分の1 m…いや20㎝ですね。なぜ比例定数は20分の1なんだろう？

T　高校にいくと「物理」という科目があって，そこで詳しく学びます。

S　…②の答えは，4.8m ですね。すごく跳ぶなあ。月面でオリンピックを開催したら，おもしろそうですね。月面記録出ました！とか。

S　4.8＝0.8×6。理科で月の重力は，地球の6分の1って習ったけど関係あるのかな？

解答解説 ⋯⋯⋯⋯⋯⋯⋯⋯⋯⋯⋯⋯⋯⋯⋯⋯⋯⋯⋯⋯⋯⋯⋯⋯⋯⋯⋯⋯⋯⋯⋯⋯⋯⋯⋯⋯⋯⋯⋯

(1)　底面の面積は，$\pi x^2 \text{cm}^2$ であるから，$y = \dfrac{1}{3} \times \pi x^2 \times 6 = 2\pi x^2$

　　よって，比例定数は 2π である。

(2)　①　比例定数は $\dfrac{1}{20}$ であるから，$y = \dfrac{1}{20}x^2$ と表せる。

　　　毎秒2mの速さで投げ上げると，$y = \dfrac{1}{20} \times 2^2 = \dfrac{1}{5}$ m の高さまで到達する。

　　　したがって，$\dfrac{1}{5} \times 100 = 20\text{cm}$

　　②　$80 \times \dfrac{1}{100} = \dfrac{4}{5}$ m であるから，$\dfrac{1}{20}x^2 = \dfrac{4}{5}$ により $x^2 = 16$ で，

　　　$x > 0$ であるから，$x = 4$ となり，この人は毎秒4mで跳び上がる。

　　　よって，月面では，$y = \dfrac{3}{10}x^2$ に $x = 4$ を代入して，

　　　$y = \dfrac{3}{10} \times 4^2 = 4.8\text{m}$ の高さまで到達できる。

3年　関数 $y = ax^2$

年　　月　　日

レーザービームで的を狙おう！　エピソードⅢ

難易度 ★ ★ ★ ☆ ☆　　　　　組　　　　番　（名前）

　　まっすぐに進むレーザービームを使って的を狙おう。今回は大きな的。レーザービームを発射して，どの座標に照射されるか予測しよう。

(1)　次の図で，◇Sからレーザービームを発射しました。どの座標で当たるかを求めなさい。

①

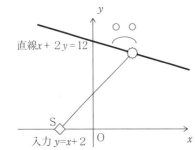

照射される
座標　　［　　　　　　　　　　　］

②

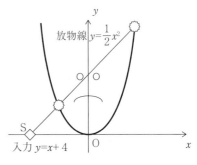

照射される
座標　　［　　　　　　　　　　　］

(2)　次の図で，◇Sからレーザービームを発射しました。どの座標で当たるかを求めなさい。

①

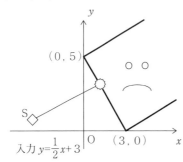

照射される
座標　　［　　　　　　　　　　　］

②

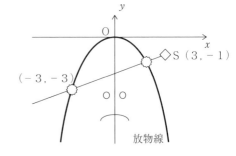

照射される
座標　　［ $(-3, -3),$　　　　　］

　3年「関数 $y = ax^2$」が終わるころに行うとよいでしょう。(1)②の放物線と直線の交点を求める問題は，内容は中学範囲を超えています。一方で，(1)①は2年「一次関数」で学習している内容なので，②でも自然と y を消去して x の方程式を解く流れにもっていけるでしょう。交点の座標を求める問題をゲーム感覚で，楽しく取り組めたらよいと思います。

授業展開 --

S　◇Sって何ですか？　この位置からは動かないでビームを打つんですか？

T　宇宙船，スペースシップのSです。君たちはその乗組員です。その位置から打ちます。

S　直線の式の隣に書いてある「入力」って？

T　この宇宙船は，直線の式を入力してビームを放ちます。それでは，班で考えてみよう。

S　先生，(2)①の答えは（1，3.5）あたりですか？

T　正確に求めてほしいのです。直線の式を求めれば，(1)①のように解けますね。

S　あ，そっか！　やってみます。(2)②は情報が少なすぎるんですけど。

T　さあ，(1)②の経験を生かしてがんばってください。もう少しで発表してもらいます。

解答解説 --

(1)　①　直線 $x + 2y = 12$ と直線 $y = x + 2$ の交点が照射される点なので，$\left(\dfrac{8}{3}, \dfrac{14}{3}\right)$

　　②　放物線 $y = \dfrac{1}{2}x^2$ と直線 $y = x + 4$ の交点が照射される点である。

　　　　y を消去して，$\dfrac{1}{2}x^2 = x + 4$ を解いて，$x = -2，4$

　　　　よって，照射される点は，$(-2，2)，(4，8)$

(2)　①　的の直線の式は，傾き $\dfrac{5}{3}$，切片5なので $y = -\dfrac{5}{3}x + 5$ である。

　　　　これと直線 $y = \dfrac{1}{2}x + 3$ の交点が照射される点なので，$\left(\dfrac{12}{13}, \dfrac{45}{13}\right)$

　　②　放物線は点 $(-3，-3)$ を通るから，$y = -\dfrac{1}{3}x^2$ である。

　　　　また，直線は2点 $(-3，-3)，(3，-1)$ を通るから，$y = \dfrac{1}{3}x - 2$ である。

　　　　これらの交点が照射される点である。(1)②と同様に考えて，$x = -3，2$ となり，照射される点は，$\left(-3，-3\right)，\left(2，-\dfrac{4}{3}\right)$

3^年 相似な図形

年　　月　　日

古墳の体積を求めよう

難易度 ★ ★ ★ ☆ ☆　　　　　　　　　組　　　　番　（名前）

　古代の要人のお墓として，円墳や方墳，そして，前方後円墳などがあります。円墳は，円錐を底面に平行に切って，その先端を取り除いた形をしています。数学ではこれを「円錐台」と呼びます。ここでは，相似な図形の性質を使ってその体積を求めてみましょう。

(1)　右の図は，底面の半径が6cm，高さが4cmの円錐を，底面から3cmのところで底面に平行に切ってできた円錐台です。

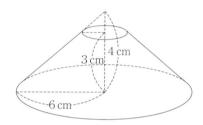

①　もとの円錐と新たにできた円錐台の体積比を求めなさい。

②　この立体の体積を求めなさい。

(2)　奈良県明日香村にある高松塚古墳は，西暦700年ごろに築かれたと言われています。右の図のような二段式の円墳です。このうち，上段の部分の体積を求めましょう。底面の直径が18mで高さが6mの円錐を，底面から3mのところで底面に平行に切ってできた円錐台と見るとき，この体積を求めなさい。

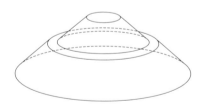

使用場面 --

　3年「相似な図形」の後半に，相似な立体の体積比について学ぶ項目があります。生徒たちに相似な立体の体積比は立方の比になることを学ばせたうえで，それを便利に活用してほしいと願っています。円錐台や角錐台の体積を出すのに計算量を減らすことができます。それを身につけるための問題です。

授業展開 --

S　先生，(1)①の答えは，64：1ですね。かんたん簡単。

T　問題文をよく読んで。円錐台が1だとしたら，もとの円錐64は，でっかいな！

S　意地悪ですね。ひき忘れました。答えは64：63ですね。

T　では，(1)②でこの円錐台の体積を求めましょう。どうですか？

S　②体積は$\frac{1}{3} \times \pi \times 6^2 \times 4 - \frac{1}{3} \times \pi \times (\frac{3}{2})^2 \times 1$を計算して … 分数の計算が大変です。

T　①で64：63と求められたのだから，それを活用できないかな？

S　そっか，$\frac{1}{3} \times \pi \times 6^2 \times 4 \times \frac{63}{64}$で体積が求まるのか！　分数のひき算をしなくていいのは楽。

T　いいことに気がつきましたね。相似な図形の面積比や体積比を活用することで，計算量を格段に減らすことができます。古墳の体積もこの考えを使って解いてみましょう。

解答解説 --

(1)　①　もとの円錐と切り離された円錐は相似である。

　　　　その相似比は，4：1であるから，その体積比は，

　　　$4^3 : 1^3 = 64 : 1$である。

　　　　よって，もとの円錐と新たにできた円錐台の体積

　　　比は，$64 : (64 - 1) = 64 : 63$

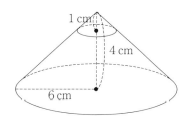

　　②　もとの円錐の体積は，$\frac{1}{3} \times \pi \times 6^2 \times 4 = 48\pi$ ㎤である。円錐台の体積は，①より，

　　　もとの円錐の体積の$\frac{63}{64}$倍であるから，$48\pi \times \frac{63}{64} = \frac{189}{4}\pi$ ㎤

(2)　もとの円錐の体積は，$\frac{1}{3} \times \pi \times 9^2 \times 6 = 162\pi$ ㎥である。(1)と同様に考えて，円錐台の

　　体積は，もとの円錐の体積の$\frac{2^3 - 1^3}{2^3} = \frac{7}{8}$倍であるから，$162\pi \times \frac{7}{8} = \frac{567}{4}\pi$ ㎥

辺の長さをいろいろ変えて考えよう

難易度　★　★　☆　☆　☆　　　　　　　　組　　　番　（名前）

　直角三角形の辺の長さのうち，2つの辺を自分で決めて，残りの辺の長さを求める練習をしましょう。自分の誕生日を利用して，いろいろな数で求められるようになろう。また，そのときに考えられる計算の工夫を学び，今後の計算に生かしましょう。

(1)　あなたの誕生日は何月何日ですか。それを m 月 d 日として2つの辺の長さが $m\mathrm{cm}$，$d\mathrm{cm}$ の直角三角形を考えます。次の場合について，残りの辺の長さを求めなさい。

　①　$m\mathrm{cm}$，$d\mathrm{cm}$ のうち，大きい方が斜辺の長さであるとき

　②　$m\mathrm{cm}$，$d\mathrm{cm}$ のどちらも斜辺の長さでないとき

(2)　次の計算をしなさい。

　①　$\sqrt{53^2 - 47^2}$　　　　　②　$\sqrt{31^2 - 13^2}$　　　　　③　$\sqrt{44^2 - 5^2}$

　④　$\sqrt{15^2 + 25^2}$　　　　　⑤　$\sqrt{3^2 + 27^2}$　　　　　⑥　$\sqrt{\left(\dfrac{7}{3}\right)^2 + \left(\dfrac{14}{3}\right)^2}$

使用場面　･･

　３年「三平方の定理」の学習の中盤で経験させたい問題です。生徒個人の誕生日を使って，いろいろな長さで直角三角形を考える中で，計算を簡単にしたいという欲求を高めます。(2)には，その計算の工夫を活用する問題を載せました。

授業展開　･･

S　また誕生日を使うの？　１月26日です。(1)①は値が大きいなー，$\sqrt{26^2 - 1^2} = \sqrt{675}$

T　あれ？　ちゃんと $a\sqrt{b}$ の形にしてください。そこで，乗法公式を使うといいんです。

S　和と差の積ですか？　$\sqrt{26^2 - 1^2} = \sqrt{27 \times 25} = 3\sqrt{3} \times 5$か！　思ったより使えますね。

T　次は(1)②です。我こそは一番長い斜辺になったぞというアピールのある人は？

S　僕の誕生日は12月30日です。$\sqrt{12^2 + 30^2} = \sqrt{1044}$で長いでしょう？

T　６でくくったらいいよ。$\sqrt{12^2 + 30^2} = 6\sqrt{2^2 + 5^2} = 6\sqrt{29}$で OK な理由を考えよう。

解答解説　･･

(1)　①　例：１月26日

$$\rightarrow \sqrt{26^2 - 1^2} = \sqrt{(26 + 1) \times (26 - 1)} = \sqrt{27 \times 25} = 15\sqrt{3}\,\text{cm}$$

　　　　例：12月３日

$$\rightarrow \sqrt{12^2 - 3^2} = \sqrt{(12 + 3) \times (12 - 3)} = \sqrt{15 \times 9} = 3\sqrt{15}\,\text{cm}$$

　　②　例：４月20日

$$\rightarrow \sqrt{4^2 + 20^2} = \sqrt{4^2 \times (1^2 + 5^2)} = 4\sqrt{1 + 25} = 4\sqrt{26}\,\text{cm}$$

　　　　例：８月14日

$$\rightarrow \sqrt{8^2 + 14^2} = \sqrt{2^2 \times (4^2 + 7^2)} = 2\sqrt{16 + 49} = 2\sqrt{65}\,\text{cm}$$

(2)　①　$\sqrt{53^2 - 47^2} = \sqrt{100 \times 6} = 10\sqrt{6}$

　　②　$\sqrt{31^2 - 13^2} = \sqrt{44 \times 18} = 6\sqrt{22}$

　　③　$\sqrt{44^2 - 5^2} = \sqrt{49 \times 39} = 7\sqrt{39}$

　　④　$\sqrt{15^2 + 25^2} = 5\sqrt{9 + 25} = 5\sqrt{34}$

　　⑤　$\sqrt{3^2 + 27^2} = 3\sqrt{1 + 81} = 3\sqrt{82}$

　　⑥　$\sqrt{\left(\dfrac{7}{3}\right)^2 + \left(\dfrac{14}{3}\right)^2} = \dfrac{7}{3}\sqrt{1 + 4} = \dfrac{7\sqrt{5}}{3}$

円の中心が動く長さを求めよう

難易度　★　★　★　★　☆　　　　　　　　組　　　番（名前）＿＿＿＿＿＿＿＿＿＿＿

　直線上を円がすべることなく転がるとき，中心がどのようにどのくらい動いたか調べます。山あり谷あり，円の一人旅におつき合いください。わかりにくければ，自転車の車輪１つがまっすぐに転がるような場面を思い浮かべましょう。

(1)　図のような道の上を，半径１の円アが右から左にすべらずに転がっていきます。この道には途中にくぼ地があります。円アの中心が動く長さを求めなさい。

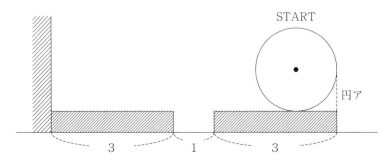

(2)　図のような長方形と直角三角形の障害物の上を，半径１の円アがすべらずに転がっていきます。左の壁に当たるまで転がるとき，円アの中心が動く長さを求めなさい。

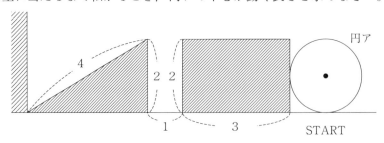

使用場面

　３年「三平方の定理」を学び終えた後に，その知識を活用する問題です。平面内で図形を直線や曲線に沿って動かす問題は，中学だけでなく，高校でも扱われます（サイクロイドなど）から，こういった問題を経験させたいですね。この問題は，「算額をつくろうコンクール」で女子中学生が創作し，金賞を受賞した作品を少し簡単にしたものです。

授業展開

S　先生，(1)で円がくぼ地に落ちるとき，どんなカーブを描くのですか？

T　「すべらずに」転がります。落ちるとき，くぼ地のかどと中心の距離は一定ですよ。

S　くぼ地に落ちるときのカーブは，円を描いているのか！

解答解説

(1)　右の図で，円がくぼ地にきたときにできる
　　点線で囲まれた三角形は，正三角形である。
　　ゆえに，

　　$\left(2 + 2\pi \times 1 \times \dfrac{30}{360}\right) \times 2 = 4 + \dfrac{\pi}{3}$

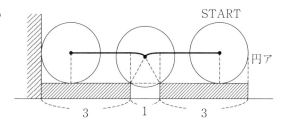

(2)

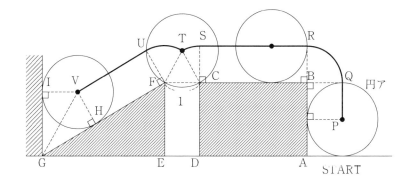

　　$\mathrm{PQ} = 1$，$\overgroup{\mathrm{QR}} = 2\pi \times 1 \times \dfrac{90}{360} = \dfrac{\pi}{2}$，$\mathrm{RS} = 3$ である。

　　(1)と同様に，$\overgroup{\mathrm{ST}} = 2\pi \times 1 \times \dfrac{30}{360} = \dfrac{\pi}{6}$，$\overgroup{\mathrm{TU}} = 2\pi \times 1 \times \dfrac{60}{360} = \dfrac{\pi}{3}$ である。

　　直角三角形 EFG は FG：FE ＝ 2：1 だから，∠G ＝30°であり，△HGV ≡ △IGV だから，△HGV も30°，60°，90°の直角三角形である。ゆえに，IG ＝ $\sqrt{3}$，HG ＝ $\sqrt{3}$ である。よって，UV ＝ $4 - \sqrt{3}$

　　以上を合計して，$8 + \pi - \sqrt{3}$

忍者の武器の側面積を求めよう

難易度 ★ ★ ★ ★ ☆　　　　　　　　組　　　番（名前）_____

　三平方の定理を利用して，いろいろな図形の面積を求めましょう。ここでは，三角形の面積を求める練習，空間図形の表面積を求める練習を行います。空間図形の問題を考えるときには，空間内から平面図形を取り出し，面倒くさがらずに描き出しましょう。

(1)　右の図は，$AB = 8\,cm$，$BC = 5\,cm$，$CA = 7\,cm$の△ABCです。次の手順でこの面積を求めましょう。

①　$AH = h\,cm$，$BH = x\,cm$とおきます。△ABHと△ACHそれぞれで三平方の定理を用いて，h^2をxの式で2通りに表します。

②　①で求めた式からhの値を求め，△ABCの面積を求めます。

(2)　右の図は，忍者が使用していた道具の一つ「くない」です。くないの先の部分の面積を求めましょう。底面がひし形の四角錐と見て，その側面積を求めればよいです。ひし形は対角線が2\,cm，4\,cm，高さは8\,cmとします。

　3年「三平方の定理」で，空間図形への応用の単元を終えた後のステップアップとして用いることができます。正方形を底面とする四角錐ならば，側面は二等辺三角形になりますが，底面が対角線の長さの異なるひし形だと，側面は一般の三角形になります。そこで，(1)では一般の三角形の面積の求め方を学習する問題を設けています。

授業展開　┈┈┈

S　(2)で側面は等辺が $2\sqrt{17}$ cmの二等辺三角形ですよね？

T　そうかな？　△OBM を四角錐から抜き出して描いてみると…？

S　わ。OB の長さは $2\sqrt{17}$ cmじゃないんだ。意外。じゃあ，超大変じゃん，この問題！

解答解説　┈┈┈

(1)　①　△ABH で三平方の定理を用いて，$h^2 = 8^2 - x^2$

　　　　△ACH で三平方の定理を用いて，$h^2 = 7^2 - (5-x)^2$

　　②　①で求めた式で，h^2を消去して，$8^2 - x^2 = 7^2 - (5-x)^2$　これを解いて，$x = 4$

　　　　$h > 0$なので，$h = \sqrt{8^2 - 4^2} = 4\sqrt{2^2 - 1^2} = 4\sqrt{3}$

　　　　（※△ABH は30°，60°，90°の三角形）

　　　　よって，△ABC の面積は，$\dfrac{1}{2} \times 5 \times 4\sqrt{3} = 10\sqrt{3}$ cm^2

(2)　右の図のような，底面が対角線 AC $= 4$ cm，BD $= 2$ cmのひし形，
　高さ8 cm の四角錐の側面積を求める。

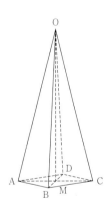

　　△OAM，△OBM，△ABM それぞれで三平方の定理により，

　　OA $= \sqrt{8^2 + 2^2} = 2\sqrt{17}$ cm，OB $= \sqrt{8^2 + 1^2} = \sqrt{65}$ cm，

　　AB $= \sqrt{2^2 + 1^2} = \sqrt{5}$ cmである。

　　右下の図で OH $= h$ cm，AH $= x$ cmとおく。(1)と同様に考えて，

　　$(2\sqrt{17})^2 - x^2 = (\sqrt{65})^2 - (\sqrt{5} - x)^2$

　　これを解いて，$x = \dfrac{4\sqrt{5}}{5}$

　　OH $= \sqrt{(\sqrt{65})^2 - \left(\dfrac{\sqrt{5}}{5}\right)^2} = \dfrac{\sqrt{5}}{5}\sqrt{(5\sqrt{13})^2 - 1^2} = \dfrac{18\sqrt{5}}{5}$ cm

　　側面積は△OAB の4倍なので，

　　$\left(\dfrac{1}{2} \times \sqrt{5} \times \dfrac{18\sqrt{5}}{5}\right) \times 4 = 36$ cm^2

3年 円

算額にチャレンジしよう

難易度 ★ ★ ★ ★ ★　　　　　組　　　番 （名前）

　江戸時代に日本独自の発展をとげた数学のことを「和算」と言います。当時の数学の専門家や愛好家たちが，問題をつくって解いたものを絵馬のようにして，神社やお寺に奉納するという文化がありました。その絵馬を「算額」と言います。

(1)　右の図のように，直線と2つの円が互いに接しています。大きい方の円の半径を$a$cm，小さい方の円の半径を$b$cmとします。線分ABの長さをa，bの式で表しなさい。

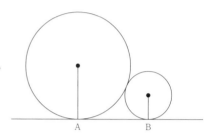

(2)　東京都渋谷区にある金王八幡宮（こんのうはちまんぐう）に，元治元年（げんじ）（1864年）に奉納された算額です。

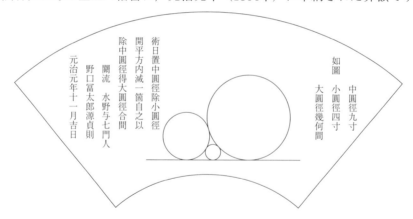

術日置中圓徑除小圓徑
開平方内減一箇自之以
除中圓徑得大圓徑合間
關流　水野与七門人
野口冨太郎源貞則
元治元年十一月吉日

如圖
中圓徑九寸
小圓徑四寸
大圓徑幾何間

※おうぎ形の木板で納められている。

　訳：図のように，円と直線が互いに接しています。
　　　中円の直径が9寸，小円の直径が4寸のとき，大円の直径を求めなさい。
　　　（和算では，円の大きさは半径ではなく直径で表します）

　3年「三平方の定理」で一通り学習を終えて，平面図形のいろいろな問題にチャレンジするときに，発展課題として扱いたい問題です。(1)は2つの円の共通外接線についての求積問題ですから，教科書章末レベルです。(2)で算額にチャレンジしますが，大学入試でも扱われる内容です。和算は，算数のレベルをはるかに超えていたことがうかがえます。

授業展開 ....

S　江戸時代の数学の問題って，漢文？　ひらがなが見当たらないんですけど。

T　そうです。算額は，皆さんが手元で書いて納めるような絵馬とは大きさが違います。

S　え？　もっと大きいんですか？　タタミ1畳くらいあるとか？

T　それくらい大きいものもあります。この算額はその4分の1ほどの大きさです。

S　(2)は，(1)のことを使って解いてもいいですか？

T　どんどん使ってください。和算では円のサイズを測るのに，直径を使いました。

S　げげ！　直径??　直径のまま解いちゃったよ～。

T　直径のまま解いてしまっても，この問題は答えが一緒になるのがやっかい。気をつけて。

解答解説 ....

(1)　三平方の定理により，

　　$AB^2 = (a + b)^2 - (a - b)^2 = 4ab$ であり，$AB > 0$ だから，

　　$AB = 2\sqrt{ab}$cm

　　※和算では，直径を含む三角形の相似を利用した。

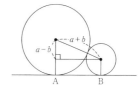

(2)　大円の半径をx寸とする。中円，小円の半径は，それぞれ$\dfrac{9}{2}$寸，

　2寸であるから，(1)より $AB = 2\sqrt{\dfrac{9}{2} \times 2} = 6$寸，$AC = 2\sqrt{\dfrac{9}{2} \times x}$

　$= 3\sqrt{2x}$寸，$BC = 2\sqrt{2 \times x} = 2\sqrt{2x}$寸である。

　　$AC = AB + BC$ なので，$3\sqrt{2x} = 2\sqrt{2x} + 6$

　　移項して，$\sqrt{2x} = 6$　よって，$2x = 36$

　　したがって，大円の直径は36寸である。

　　※中円，小円の半径をそれぞれa，bとすれば，$2\sqrt{ax} = 2\sqrt{ab} + 2\sqrt{bx}$であり，この両辺

　　を$2\sqrt{abx}$（$\neq 0$）でわると，$\dfrac{1}{\sqrt{b}} = \dfrac{1}{\sqrt{x}} + \dfrac{1}{\sqrt{a}}$が成り立つ。

〈参考文献〉
・『数学教育』2013年11月号

何人が見ていたか予想しよう

難易度　★　★　☆　☆　☆　　　　　　　組　　　番（名前）

　「視聴率」ということばを聞いたことがありますか。テレビ番組がどのくらいの人に見られたか考える目安になります。番組にかかわる企業にとっては，そのCMを見てもらった方がよいので，視聴率が気になるところでしょう。新聞や Web で調べることができます。

(1)　視聴率の調査では，標本調査が行われます。次のア〜エで正しいものを選びなさい。

　ア　国内のすべての世帯に専用の機械を配布し，視聴率を算出している。

　イ　同級生5人に聞いたら4人が見たと答えたので，その番組の視聴率は80％だ。

　ウ　ランダムに選ばれた世帯にのみ専用の機械を配布し，視聴率を算出している。

　エ　市街地に住んでいる世帯にのみ専用の機械を配布し，視聴率を算出している。

　☆視聴率の調査では，なぜ標本調査が行われるか考えてみよう。

(2)　関東地区約1800万世帯の視聴率を調べるのに，900世帯に視聴率をはかるための機械を配布しています。機械が配布された162世帯がドラマ番組Aを見たとき，

　①　ドラマ番組Aの関東地区の視聴率は何％と算出されますか。

　②　関東地区の何世帯がドラマ番組Aを見たと考えられますか。

◎サッカー中継の視聴率ランキング（2017年3月現在，日本戦のみランキング）

第1位　66.1％　2002FIFA ワールドカップグループリーグ日本×ロシア　2002年6月9日

第2位　60.9％　ワールドカップサッカーフランス '98日本×クロアチア　　1998年6月20日

第3位　60.5％　ワールドカップサッカーフランス '98日本×アルゼンチン　1998年6月14日

〈関東地区の世帯視聴率〉（ビデオリサーチの許諾を得て掲載）

　３年「標本調査」の中で，標本調査と全数調査の違い，標本の選び方，調査結果の活用について理解できているかを見るプリントです。スポーツ中継やドラマの視聴率は，今でもネットニュースなどで話題になっています。生徒でも視聴率を知らない者は少ないのではないかと思います。

授業展開 ···

S　視聴率って全数調査でしょ？　チャンネルのデータがみんな集められているんでしょ？

T　あれ？　知りませんか？　違うんですよ。専用の機械を配布された家庭だけです。

S　えー！　じゃあ，ウチにはないや。私が好きなドラマを見ても視聴率には関係ないね。

T　いや，そんなことないですよ。それが標本調査の不思議なところです。教科書にありましたよね。黒いつぶと白いつぶを２：３の割合で大量によく混ぜた水そうから，ひとすくいして黒と白の比率を調べてみると，やはり２：３になっているんです。

S　偏った方法でデータを集めたりしなければ，一部の調査だとしても全体のことを知ることができるってことですね。好きなアイドルのためにドラマを見てあげることは，全体として視聴者が増えて，機械をおいている世帯の中でも見る人は増えるのか…不思議。

T　それが標本調査です。全数調査ができない理由は何でしょう？

S　お金がかかりすぎるのかな。技術が発達したら，全数調査になるのかな。

解答解説 ···

(1)　ウが正しい。標本は無作為に抽出される。

　ア　これは全数調査である。

　イ　同級生では年代に偏っているし，標本の大きさも小さすぎる。

　ウ　「ランダムに選ばれた」とは，「無作為に抽出した」と同義である。

　エ　市街地のみでは調査の地域が偏っている。

　☆視聴率の調査で全数調査をすると多くの時間と費用が必要になってくるから。

(2)　①　ドラマ番組Aの関東地区の視聴率は，$\dfrac{162}{900} \times 100 = 18.0\%$

　　②　①の結果を用いて，$\dfrac{18}{100} \times 1800万 = 324万世帯$

※一般に言われる視聴率は「世帯視聴率」です。何人が見たかを調べるには，「個人視聴率」を見ます。世帯数から人数を求められません。関東地区では１％あたり約40万６千人と言われています（2017年３月現在）。

【著者紹介】
中島　秀忠（なかじま　ひでただ）
1979年埼玉県生まれ。早稲田大学大学院理工学研究科数理科学専修修士課程修了。2005年より早稲田中・高等学校教諭。学生時代に個別指導塾で学習意欲の低い生徒を教えてきたことが契機となって，幅広い学力層に数学を楽しみながら理解してもらうことを目指すようになった。NPO和算を普及する会会員。

中学校数学サポートBOOKS
対話的な学びを促すおもしろ問題50

2018年3月初版第1刷刊　©著　者　中　島　秀　忠
　　　　　　　　　　　発行者　藤　原　光　政
　　　　　　　　　　　発行所　明治図書出版株式会社
　　　　　　　　　　　　　　　http://www.meijitosho.co.jp
　　　　　　　　　　　　　　　（企画・校正）赤木恭平
　　　　　　　　　〒114-0023　東京都北区滝野川7-46-1
　　　　　　　　　振替00160-5-151318　電話03（5907）6702
　　　　　　　　　ご注文窓口　電話03（5907）6668
＊検印省略　　　　　　組版所　藤原印刷株式会社

本書の無断コピーは，著作権・出版権にふれます。ご注意ください。
教材部分は，学校の授業過程での使用に限り，複製することができます。

Printed in Japan　　　　　　　ISBN978-4-18-176132-5